# شو في مافي؟

## Shou fi ma fi?

# شو في مافي؟

# Shou fi ma fi?

Intermediate Levantine Arabic

## Rajaa Chouairi

Mahdi Alosh
Editor

Yale University Press
New Haven and London

Publisher: Mary Jane Peluso
Editorial Assistant: Elise Panza
Project Editor: Timothy Shea
Manuscript Editor: Debra Morris Smith
Production Editor: Ann-Marie Imbornoni
Production Controller: Karen Stickler

Printed in the United States of America.

ISBN: 978-0-300-15391-0
Library of Congress Control Number: 2009944055

A catalogue record for this book is available from the British Library.

This paper meets the requirements of ANSI/NISO Z39.48=1992
(Permanence of Paper)

# Contents

# Preface

Levantine Arabic is not a dialect. It is the spoken variety of Arabic in the Levant. Many dialectologists are too quick to call a spoken language a dialect. To call a language a dialect, I believe it must achieve a status of vernacularity with respect to a spoken standard language. So when we label a language as "dialect", we have to ask the question: In comparison to what? Wolfram (1980), when identifying Appalachian English as a vernacular dialect, did so in comparison to a standard spoken American English and not to a written formal variety. There is a regrettable practice in American schools of calling the spoken variety of Arabic a dialect or colloquial (or the even more misleading لهجة, which means "accent"). We cannot call Levantine Arabic a dialect in relation to Classical Arabic or Modern Standard Arabic (MSA) because the latter is not used or spoken in any speech community.

People learn languages to communicate. Some may learn a language to do research. Sometimes a scholar may learn an old language that belongs in the realm of philology. But no one can deny that orality is the focus of most language learning. Western, especially American, academia has been struggling for years with the issue of diglossia in the Arabic language. In most cases American academic institutions are teaching a variety of Arabic no one speaks in daily communications or in speech communities. Students graduate with degrees in Arabic after years of hard work, and yet even those with a Ph.D. in the language cannot converse on the street, cannot negotiate in the market, cannot understand 90 percent of Arabic songs, cannot understand the folklore, and cannot fully understand an Arabic movie or play. In other words, these students are practically excluded from Arab speech communities. Yet the excuse is that we are teaching this variety of the language in order to make people "literate"!

Most curriculum formulators and administrators (many of whom do not know the language), in fear of the unknown, or in fear of being caught in the controversy of this linguistic shiftiness, opt to stay in the "calm" haven of standardized Classical Arabic (MSA) instruction. A few others, in eagerness for a more functional approach, throw themselves into teaching a spoken variety of Arabic without planning and without having faculty who can bring to the classroom anything other than street dialects. The latter approach has proved to be disastrous. On one hand students cannot read or write; on the other they cannot cope with linguistic varieties outside of the vernacular domain they are studying.

Hence it is necessary to introduce this book, not as an attempt to phase out Classical Arabic instruction, but on the contrary, to provide complementary material. The student who has been exposed to 100 to 150 hours of Classical Arabic instruction is ready to cope with the diglossic nature of Arabic and to develop skill in both varieties of the language. Thus any form of code switching in speaking should now be a natural, and unconscious, process, just as it is for native speakers.

What is said about Levantine Arabic could be said about the other varieties of spoken Arabic. However, it must be stated that Levantine Arabic has achieved in the 20th century an awesome power of literary expression witnessed by the rest of the Arab world through major literary works, musical drama, theatre, songs, and lately sitcoms and television variety shows.

As of now, there is no standardized style of writing spoken Arabic. Thus the writing in this book is a synthesis of the writing systems used by the Rahbani brothers, Said Akl and Michel Trad. The highly phonemic system in this book and its representation in Arabic writing is very close to Classical Arabic and should not pose any difficulty for the student of Classical or Modern Standard Arabic. The teacher and the student alike should always stress the similarities between both varieties rather than linger on the differences that are usually accidental and practical.

The book starts by showing the similarities and the difference in pronunciation, grammar and lexicon between Classical Arabic and the Levantine spoken variety. This is done at the level of the texts and passages and through grammatical explanations and conversational exercises. From the beginning, the student will recognize Classical Arabic forms, which become an anchor to understanding. Then little by little the Classical Arabic is phased out from the passages (but kept in the grammatical and sometime lexical information).

The passages reflect accurate and authentic daily interactions between people in the Levant with an ever-present comic twist in all the passages. This comedic approach is sustained in the hope that the student will discover the accessibility of the language and the fine nuances that one can achieve using it. At the same time, Levantine culture permeates all the audio passages and the book. When necessary, cultural elements that are not easily understood are explained in English texts.

The teacher may recognize the "accents" in the passages to be the ones of Lebanon and Damascus. The reason for this is the familiarity of most native Arabic speakers (from the Ocean to the Gulf) with these accents due to the enormous influence and popularity of the awe-inspiring work of the Rahbani brothers, mainly represented by the songs of Fairuz, and due to the fluidity of the Damascene accent witnessed in popular Syrian TV sitcoms.

I am a classicist—I admire الفصحى, its power of expression and its literary might. However, I am not worried about the native speaker and the status of the language in the Arab world but about the "half-literate" results our academic institutions are producing. As I said before, Classical Arabic should always be taught, but along with it there should be a strong emphasis on the spoken language. I hope students will start developing skills that will be complementary to their MSA skills, making them, after many years of learning, truly literate in this great language called Arabic.

Rajaa Chouairi
West Point

الوحدة الأولى

# وين درست العربي؟

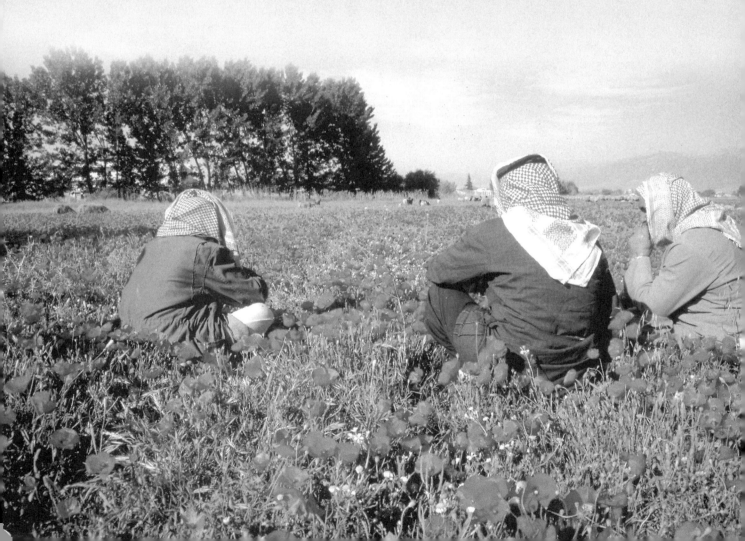

# وين درست العربي؟

## Objectives

- Pronunciation differences between Classical and Levantine Arabic.
- Question words and their answers.

## قبل الاستماع

١. أين درست العربية؟ متى بدأت؟

٢. كم سنة درستها؟

٣. لماذا درست العربية؟

٤. من هو أستاذك؟ ما اسمه؟ من هي أستاذتك؟ ما اسمها؟

٥. هل بيتك قريب؟ كم يبعد؟

*During this exercise, the teacher should also ask these questions in Levantine Arabic, showing how question words and pronunciation vary from Classical Arabic to Levantine spoken Arabic (Colloquial).*

## Pronouncing Levantine Arabic

Please note the following differences in pronunciation between Classical and Levantine Arabic:

| | Classical Arabic | Levantine Arabic |
|---|---|---|
| ذ is pronounced ز | أستاذ | استاز |
| ذ is pronounced د | أخذ | أخد |
| ث is pronounced ت | ثلاثة | تلاتة |
| ث is pronounced س | تمثال | تمسال |
| ظ is pronounced ز | مظاهرة | مزاهرة Z as in Zombie |
| ء is eliminated at the end of a word | عشاء<br>رجاء<br>وراء | عشا<br>رجا<br>ورا |
| ء is sometimes eliminated in the middle of a word | تأكل | تاكل |
| ء becomes يـ in the middle of a word | دقائق | دقايق |
| لـِ (in order to) could be replaced with لَ or تَ | درسَ العربية لِيفهم الشرق الأوسط | درس العربي لَيفهم (تيفهم) الشرق الأوسط |
| ليس is replaced most of the time with ما | ليس عندي اجتماع | ما عندي اجتماع |
| في could be replaced with بـ | في بلودان | ببلودان |
| The أن of the infinitive is eliminated | بامكانك أن تأخذ التاكسي | بامكانك تاخد التاكسي<br>Note the changes with ذ and the ء in أخذ |

## The special case of ق

The letter ق is usually replaced by a glottal sound like ء. For example, the word قبل would sound like أبل, and the word قريب would sound like أريب. However, some formal words do not change at all, such as القرآن and القاهرة . And in some mountainous areas in the Levant and among the Druze communities, the ق retains its Classical Arabic pronunciation in Levantine Arabic. In some areas and among some communities in Jordan and Iraq, the ق is pronounced with a Bedouin "gah", so قريب would sound like "gareeb".

## بعد الاستماع – شو فهمنا؟

**التمرين ١**

**استمع إلى النص وأجب عن الأسئلة الآتية:**

**أ) ضع إشارة (✓) أو (✗) أمام العبارات الآتية:**

١. عند الرجل اجتماع في بلودان بعد ثلاثين دقيقة ☐

٢. ليس عنده أي عشاء بعد الاجتماع ☐

٣. بامكانه أن يأخذ التاكسي وراء التمثال ☐

٤. درس العربية في القاهرة ☐

Using the conversion chart as a guide, please read aloud the preceding 4 items in Levantine Arabic.

**ب) اختر الإجابة الصحيحة مما يلي:**

١. متى التقى الرجلان؟______.

(ايمتى التقوا الرجّالين؟)

أ) بالليل.

ب) بالشتا.

ج) بالنهار.

د) بعد نص ليل (نصف الليل).

Please notice in question 1 that when the verb is before the subject, it does not need to be in the singular form as it does in Classical Arabic. The dual form is not used either.

٢.   في أي ساعة الاجتماع؟ _____.
    (بأيّا ساعة الاجتماع؟)
    أ)   الساعة أربعة.
    ب)  الساعة تنين.
    ج)   الساعة خمسة.
    د)   الساعة تلاتة.

٣.   ماذا عند الرجل بعد اجتماعه في بلودان؟ _____.
    (شو عند الرجّال بعد اجتماعو ببلودان؟)
    أ)   عندو غدا.
    ب)  عندو اجتماع تاني.
    ج)   ما عندو شي.
    د)   عندو عشا بقهوة على المي (الماء).

٤.   لماذا درس شارلز العربية؟ _____.
    (ليش درس شارلز العربي؟)
    أ)   لأنو بيحب العرب.
    ب)  لأنو عندو اجتماع.
    ج)   لأنو أجنبي.
    د)   لأنو بيحب القاهرة.

ج)  املأ الفراغات الآتية بالكلمات المناسبة:

١.   شارلز عندو _____ بعد تلاتين دقيقة.
٢.   العشا بقهوة _____ على النهر.
٣.   شارلز ما معو كتير وقت تـ _____ على بلودان.
٤.   التاكسي _____ تمسال يوسف العظمة.

## المصطلحات اللغوية

### ◀ كيف حالك، كيفك؟

كيف حالك or كيفك is one of the most-used greetings in the Levant. It is always used at the beginning of a conversation to say "How are you?"
The answer to it could be any of these: الحمدلله، منيح (منيحة)، مش (ما) منيح، ماشي الحال

## Cultural notes

### ◀ بلودان

Bloudan is a Syrian resort situated west of Damascus in the middle of the Anti-Lebanon mountain range. It is well known for its springs of water, its cafés and its charming villas overlooking the fertile Zabadani fields.

### ◀ يوسف العظمة

Yousef al-Adhmeh was a Syrian officer and leader of the small army contingent who, in 1920, without much weaponry or many men, valiantly faced the advancing French forces at Maysaloon in the mountains between what today are Lebanon and the Syrian Arab Republic.

## تدريب القواعد

## Question words in Levantine Arabic

In Levantine Arabic question words rarely match their classical counterparts. These are the most common:

| | | | |
|---|---|---|---|
| What? | شو (أيش*) | Where? | وين |
| Why? | ليش، لي | Who? | مين |
| How? | كيف | From where? | من وين |
| How many? | كم | How much? | قديش - قدّاي |
| Which one? | أيّا | When? | ايمتى - أيمتن |

*أيش is used in dialects of some mountainous or rural areas within the Levant. The addition of ش at the end of question words such as ليش and قديش is very common. The Rahbani brothers used it in many of their plays and songs, such as قديش كان في ناس, put to music by Ziad Rahbani and sung by Fairuz.

In some dialects the ش falls in the middle of the question word, as in اشقد for قديش in some old Lebanese, northern Syrian and Iraqi dialects. This usage is heard less and less.

In some instances, it is also possible to ask a question without using a question word, as in English, by intonation only. This is only possible with a yes/no question and if you anticipate a certain answer. To do so, just state your question, including your anticipated answer, with an intonation similar to that used in English (starting on a low note and ending on a higher one). In some areas of the Levant the word شي could be added at the end of such a question.

**Example:**

Did Khalil Gibran write *The Prophet*? (Gibran did or did not = anticipated)
خليل جبران كتب النبي؟
or
خليل جبران كتب النبي؟
Is the exam tomorrow?
الفحص بكرا؟
or
الفحص بكرا شي؟

شي could also mean "some", for example: من فضلك شي فنجان قهوة. In this case it is a nonchalant way of speaking and could be eliminated without making much difference to the meaning. It could also mean "about": كان معي بالرحلة شي ثلاثين صديق, meaning "With me on the trip were about thirty friends".

### ▸ Answering Why

Like لماذا in Classical Arabic, ليش or لي (why) can take any of 3 possible answers: لأنّ, بسببِ, or لِ (حتى). We have already seen in the conversion chart that لِ becomes ل or تـَ.

لأنّ (because) changes to لأنّو and is attached, as in Classical Arabic, to all the regular possessive pronouns.

| | Classical Arabic | Levantine Arabic |
|---|---|---|
| Because I | لأنني | لأنّي |
| Because he | لأنّه | لأنّو |
| Because she | لأنّها | لأنّا |
| Because they | لأنّهم | لأنّن |
| Because you (mas.) | لأنّكَ | لأنّك |
| Because you (fem.) | لأنّكِ | لأنّك |
| Because you (plur.) | لأنّكم | لإنّكن |
| Because we | لأنّنا | لإنّا |

## Exercise 2

Please express the following questions in Levantine Arabic. You could use Classical Arabic for words you do not know in Levantine.

1. Which road, to the right or to the left?
2. How many cups of coffee would you (masc.) like?
3. What is your (masc.) name?
4. Why are you (masc.) screaming? To scream: صرخ
5. Where is the big statue in the garden?
6. I saw about 25 statues on the street.
7. From where is this student?
8. Who helped us?
9. When did you (fem.) take your pill? Pill: حبّة
10. How can I get to the café overlooking the stream?
11. Is this the taxi that arrived from Beirut?

## Exercise 3

a) Please read the following passages aloud, trying as much as possible to change the Classical Arabic sounds you see written to Levantine sounds.

١.      بيتي قريب من الجامعة ولكن بيت الأستاذ بعيد. أنا دائما متأخر عن الصف. أستاذي شخص لائق (polite) درس العربية في القاهرة. كان عندي استاذ ثان (ثاني) في أول سنة لكنه كان قليل التهذيب وما أعطاني وقتا لِأدرس أو لِأحكي في الصف. يمكن كان يعتقد ويؤمن بالمثال (المثل) الشائع: «اذا كان الكلام من فضة فالسكوت من ذهب».

٢.      صباح الخير معلّم وليد. من فضلك فنجان قهوة والجريدة لِنقرأ الأخبار. عندك مناقيش؟ عظيم، منقوشة قبل فنجان القهوة وشي قنينة سفن آب. كيف العائلة؟

b) Pay attention in the following little poem to the phonetic syllable count. It should be 7 per line in order to keep the proper meter. You may have to start some words, unlike in Classical Arabic, with a sukun. Using your judgment and your musical ear, underline the letters at the beginning of some words that may need a sukun. Refer to the audio to check the correct flow of the meter.

– قال الواحد للثاني
الغذاء اليوم في بستاني
الساعة ثلاثة إلاّ ثلث
وعامل مازة حرزانة

c) Please try to pronounce the following.  The first example is an old Lebanese village tongue twister:

١.    قُم يا قُمقُم، قُم وتقَمقَم، قُم على القِفّة (علقفّة)، قُم كُل قَمح.

٢.    مثل ما قالت الست ليلى: كل رجل عظيم وراءه ست مثلها، أو كل تلميذة عظيمة وراءها استاذ مثلي.

## المصطلحات اللغوية

▶ يا هيك، يا بلا

This expression means "either this way or no way".  It is mostly used to praise someone or something.  You could also add a word or an expression after هيك to specify what you are talking about, for example: يا هيك الأجانب يا بلا, meaning "all foreigners should be like this, or no one needs any of them".

**Example**: You are walking on a street in Beirut. You miss falafel so much, and you have been subjected to many mediocre versions of it.  You pass by a well-known falafel stand and buy a sandwich. After the first bite, your mind bewildered by the unique taste, you might say: يا هيك الفلافل يا بلا

▶ لَكَن!!

A very popular and colloquial way of saying "of course".

◄ عافاك

"Good for you."

◄ يا عيني

Although it literally means "My eye", and in other instances it means "My dear", here it means "Great". It could also mean "Great" in a negative sense, just as in English.

مثال: - يا عيني شو هالمباراة الحلوة!

- يا عيني على هالمباراة!

## Cultural note

◄ شو، نعم، ايه

As in English, if someone asks for your attention, you would ask what this person needs. As in English, answering with "What?" (شو؟), would be considered impolite, and answering with "Yes!" (نعم) would be more proper. Also, an affirmative answer among friends could be إييه, but نعم should be used as a polite form for an affirmative answer.

**Examples:**

| Polite | Impolite/familiar |
|---|---|
| - رجا؟ | - رجا؟ |
| - نعم | - شو؟ |
| - درست للإمتحان شي؟ | - درست للإمتحان شي؟ |
| - نعم. | - إييه. |

## المفردات

| إنكليزية | فصحى | عامية |
|---|---|---|
| Thank God | الحمد لله | الحمدلله "lhamdilla" |
| Good, in good condition | جيد | منيح، مليح |
| How are you? | كيفَ حالك؟ | كيفَك؟ |
| Why? | لماذا؟ | ليش، لاي؟ |
| To overlook, to look over | طلّ | طلّ |
| Water | ماء | ماي |
| To follow | لحق | لحق |
| Statue | تمثال | تمسال |
| There (over there) | هناك | هونيك، هنيك |
| To speak | يتكلم، يحكي | يحكي |
| Good for you, bravo | | عافاك |
| Lady (also"grandmother") | سيدة | سِت |

## Transcription

السائح (بالفصحى): يا أستاذ صباحُ الخير.

رجل (بالعامية): أهلا استاز صباح النور.

السائح: كيف حالكَ؟

رجل: أنا منيح وانت كيفك؟

السائح: الحمدُ لله.

رجل: ايه الحمدلله.

السائح: يا صديقي كيف يمكنني أن أصل الى بلودان؟

رجل: لوين؟ عبلودان؟

السائح: نعم الى بلودان

رجل: ليش (لاي).

السائح: عندي اجتماع بعد ثلاثين دقيقة.

رجل: عندك اجتماع بعد تلاتين دقيقة؟

السائح: نعم وبعد الاجتماع بثلاث دقائق عندي عشاء في قهوة تطل على النهر.

رجل (يضحك): بعد تلات دقايق بس بقهوة على الماي؟ .كتير حلو. ايمتى الاجتماع؟

السائح: الساعة الثالثة.

رجل: الساعة تلاتة وقديش قلتلي معك تتوصل تلاتين دقيقية؟

السائح: نعم. عندي ثلاثين دقيقة لأصل.

رجل: تلاتين دقيقة لتوصل. ايه ما بتلحق لا الاجتماع ولا العشا. ولا ممكن بلودان مو قريبة.

لازم تاخد تاكسي.

# وين درست العربي؟

السائح:  أين يمكنني أن آخذ هذا التاكسي؟

رجل:  بامكانك تاخدو ورا تمسال يوسف العظمة هنيك؟

السائح:  تمثال يوسف العظمة هناك؟

رجل:  ايه هنيك.  لك بتحكي عربي منيح. وين تعلّمت؟

السائح:  في القاهرة

رجل:  بالقاهرة؟  كم سنة درست؟

السائح:  درست ثلاث سنوات.

رجل:  يا عيني. ولشو درستو حبيبي؟  بالاذن نسيت اسألك شو الاسم الكريم؟

السائح:  شارلز.  درست العربية لأنني أحب العالم العربي.

رجل:  لك عافاك.  يا هيك الأجانب يا بلا.  لكَن؟!

الوحدة الثانية

# مين أنا؟

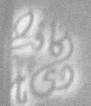

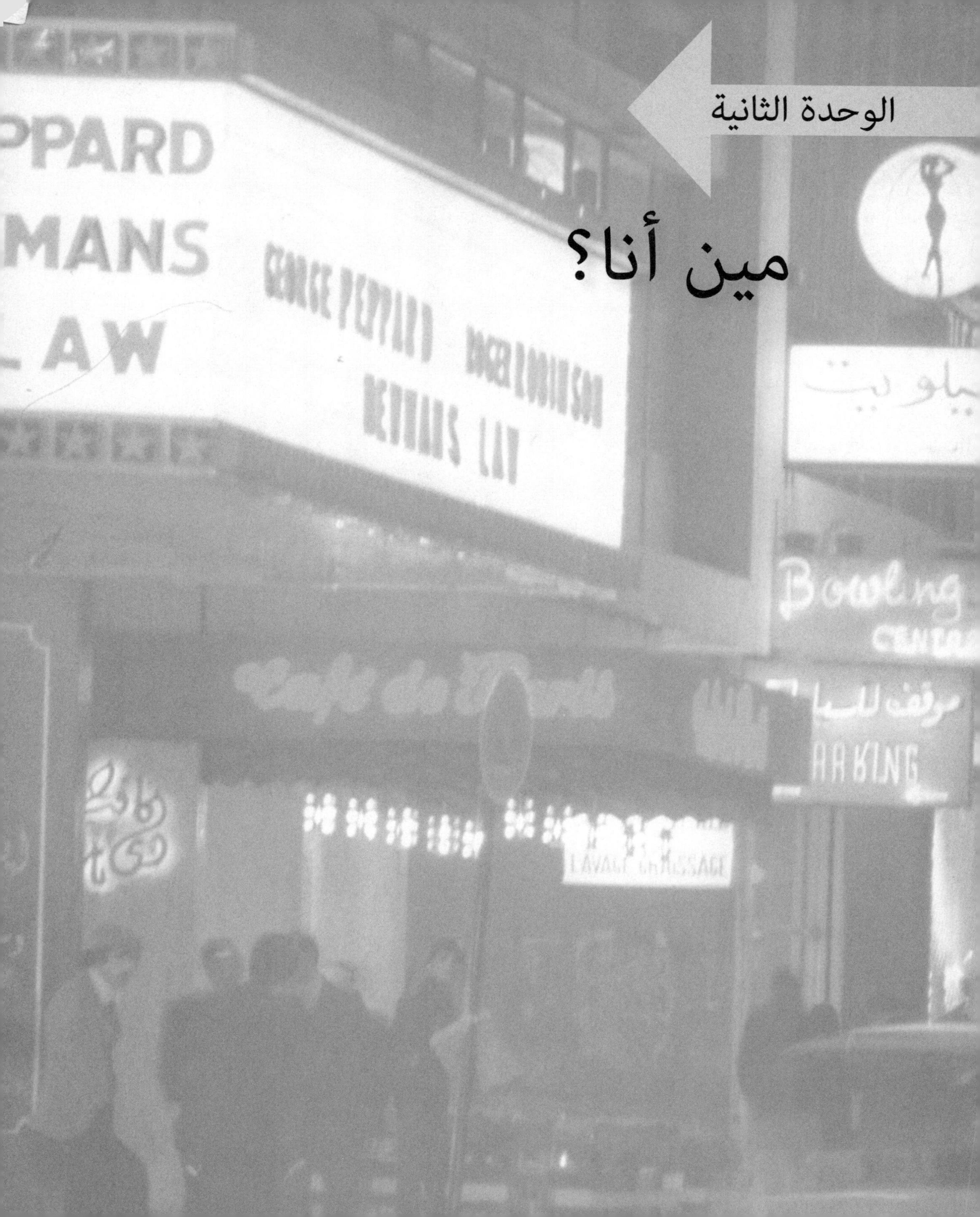

# مين أنا؟

## Objectives

- Personal and possessive pronouns.
- Direct and indirect objects.
- The past and present tenses.

## قبل الاستماع

١. شو اسمك؟ من وين إنت؟ قديش عمرك؟ شو بتعمل؟
٢. شو اسم بيّك (أبيك)؟ قديش عمرو (عمره)؟ شو بيعمل؟
٣. شو اسم أمك؟ قديش عمرا (عمرها)؟ شو بتعمل؟
٤. أيّا نوع سيارة بيسوقوا؟
٥. أيمتى تكلمت معهن (معهم) بالتلفون آخر مرّة؟ شو قالولك؟
٦. بقديش اشتريت ساعتك؟ أيّا ساعة منجتمع بهيدا (في هذا) الصف؟

Before you answer these questions try to find the verbs and underline them. Do you find any difference in present tense between Classical and Levantine Arabic? What is it?

## بعد الإستماع – شو فهمنا؟

التمرين ١

استمع إلى النص وأجب عن الأسئلة الآتية:

أ) ضع إشارة (✓) أو (✗) أمام العبارات الآتية:

١. بيّو لعصام اسمو الياس. ☐

٢. هويي بشتغل طبيب. ☐

٣. جدودو لعصام من اللاذقية. ☐

٤. عصام بيحب الدرس كتير. ☐

ب) اختر الإجابة الصحيحة مما يلي:

١. مين الحلبية؟ _____ .

أ) إمّو لعصام.

ب) إمّها لإمّو (لأمّه).

ج) إم بيّو (أبيه).

د) إم سهى.

٢. مين كان من اللاذقية؟ _____ .

أ) جدّو بَي (أب) بيّو.

ب) بَي سِتّو* (جدّته).

ج) خالو (خاله).

د) جدّو بّي إمّو.

* In Lebanese and Syrian dialects, ست means "lady", but it also means "grand-mother".

٣. شو بتشتغل إم عصام؟ ـــــــــــــــ .

أ) عندا (عندها) مكتب.

ب) بتضل (بتبقى) بالبيت.

ج) بتشتغل بالهندسة.

د) استاذة كتابة.

٤. ليش الكل بيقولوا لعصام (بيقولولو): إنت يا عصام واحد كسلان؟

أ) لأنو عصام ما بيحب الدرس.

ب) لأنو عصام بيحب يلعب.

ج) لأنّن (لأنهم) غلطانين.

د) لأنو إمّو ما بتعرف شي بالدرس.

ج) املأ الفراغات الآتية بالكلمات المناسبة:

١. جدودو لَعصام كانوا يشتغلوا ـــــــــــــــ .

٢. إمو لعصام ما عندها مكتب، بس بتضل ـــــــــــــــ .

٣. قال عصام عن بيّو إنّو بالشغل الكل ـــــــــــــــ .

٤. الكاديلاك إلها والمرسيدس ـــــــــــــــ .

د) رتب الأفكار الآتية بحسب ورودها في النص:

١. عصام مابيحب يدرس. ☐

٢. بَي (أب) عصام رئيس مكتب الهندسة. ☐

٣. جدود عصام عندهم بيوت ببيروت. ☐

تدريب القواعد

## Personal pronouns

|  | Classical Arabic | Levantine Arabic |
|---|---|---|
| I | أنا | أنا |
| He | هو | هوّي |
| She | هي | هيّي |
| They | هم | هنّي * |
| You (masc.) | أنتَ | إنتَ |
| You (fem.) | أنتِ | إنتِ |
| You (plural) | أنتم | إنتو |
| We | نحن | نحنا |

\* Please note that in the western Levantine dialects, the feminine form (using ن as in Classical Arabic) is used for personal and possessive pronouns for the third person plural of either gender.

## Possessive pronouns

| My | ي | My book | كتابي |
|---|---|---|---|
| His | و | His book | كتابو |
| Her | ها | Her book | كتابها (كتابا) |
| Their | هن | Their book | كتابهن (كتابن) |
| *Your (masc.) | ك "ak" | Your book (masc.) | كتابَك |
| *Your (fem.) | ك "ik" | Your book (fem.) | كتابِك |
| Your (plural) | كن | Your book (plural) | كتابكن |
| Our | نا | Our book | كتابنا |

\* Please note that in the possessive form for the second person singular (fem. and masc.), we moved the case ending from after the ك and we put it before it, thus creating the sounds "ak" for masculine and "ik" for feminine.

### Example:

بيتُكَ (Classical Arabic) becomes بيتَك (Levantine Arabic).
بيتُكِ (Classical Arabic) becomes بيتِك (Levantine Arabic).

In words ending with long vowels, some modifications may appear. The best way to determine how to make such words possessive is to go back to Classical Arabic. If the word ends with a ء after the long vowel, then eliminate the ء.

Please note that in this group of words (ending with a long vowel), the possessive for *his* ends with a سكون on the ه. And in the possessive of *you* (fem.) the vowel is on the ك as in Classical Arabic. If this sounds confusing, just follow the chart below and slowly reread this rule.

### Example:

|  | Classical Arabic | Levantine Arabic |
|---|---|---|
| **Dinner** | عشاء | عشا |
| My dinner | عشائي | عشايي |
| His dinner | عشاؤه | عشاه |
| Her dinner | عشاؤها | عشاها |
| Their dinner | عشاؤهم | عشاهن |
| Your dinner (masc.) | عشاؤك | عشاك |
| Your dinner (fem.) | عشاؤكِ | عشاكِ |
| Your dinner (plural) | عشاؤكم | عشاكن |
| Our dinner | عشاؤنا | عشانا |

## Exercise 2

Please express the following in Levantine Arabic:

1. His book is in the classroom.
2. Her car is behind the building.
3. I am in need of your (masc.) pen.
4. Your (fem.) sister is a good student. (Use تلميذ.)
5. Your (masc.) coffee is on the table.
6. Their dog is in the street behind your (plural) house.
7. Your (fem.) lunch is cold.

## Direct object

As in Classical Arabic, the possessive pronouns above could be attached to verbs to represent a direct object.

**Example:**

| | Classical Arabic | Levantine Arabic |
|---|---|---|
| He left me | تركَني | تركني |
| He left him | تركَه | تركو |
| He left her | تركَها | تركا |
| He left them | تركَهم | تركهُن (تركُن) |
| He left you (masc.) | تركَكَ | تركَك |
| He left you (fem.) | تركَكِ | تركِك |
| He left you (plural) | تركَكم | تركْكُن |
| He left us | تركَنا | تركنا |

## Indirect object

You have learned to use إلى and لِ in Classical Arabic, for example: تعالوا إليَّ or استمع إليه . Here is the Levantine version for each pronoun:

|  | **Classical Arabic** | **Levantine Arabic** |
|---|---|---|
| To me | لي، إليَّ | إلي |
| To him | له، إليهِ | إلو |
| To her | لها، إليها | إلها (إلا) |
| To them | لهم، إليهم | إلهن (إلن) |
| To you (masc.) | لكَ، إليك | إلَك |
| To you (fem.) | لكِ، إليكِ | إلِك |
| To you (plural) | لكم، إليكم | إلكن |
| To us | لنا، إلينا | إلنا |

When a verb is attached to إلى, the إ is dropped from the Levantine form of إلى and it is attached to the verb. So استمع إليه becomes إستمعلو.

### Example:

| They wrote to me | كتبولي (كتبوا لي) |
|---|---|
| They keep telling me | بيضلهن يقولولي |
| He purchased for you (fem.) a gift | اشترالِك هدية |
| We brought* for him | جبنالو |

When the possession is accentuated for assertion the original إلي form is added.

### Example:

| They keep telling me (asserted) | بيضلهن يقولولي إلي |
|---|---|
| He wrote for them (asserted) | كتبلن إلهن (إلن) |
| He purchased for her (asserted) | اشترالها إلها (إلا) |

\* To bring: جَلَبَ (Classical), جاب (Levantine)

## Conjugation in past and present tense

In Levantine Arabic, the dual and the plural feminine conjugations are not used. Case endings are also eliminated, with few exceptions (see below). Past tense in Levantine Arabic is the same as in Classical Arabic with a slight variation. In some dialects (western Levant), in the third-person feminine, the ـَ before the ت ending, producing the sound "at", is replaced with a ـِ, thus producing the sound "it", as in هيي كتبِت (Levantine Arabic) instead of هي كتبَت (Classical Arabic).

In the present tense, all the ن suffixes are eliminated, and a ـب is added to the beginning of the verb. A ـم is added to the brginning of the first person plural. Put a ـِ on ب and ـم.

Both past and present tense are negated with ما.

| Past tense | Present tense |
|---|---|
| أنا درست | أنا بدرس |
| إنتَ درست | إنت بتدرس |
| إنتِ درَستِ | إنتِ بتدرسي |
| إنتو درستوا | إنتو بتدرسوا |
| هويي دَرَس | هويي بيدرس |
| هيي درسِت | هيي بتدرس |
| هنّي درسوا | هنّي بيدرسوا |

Please note that in the Palestinian dialect, the أ in the first person singular verb is not eliminated in the present tense. So أنا بدرس (Damascene, Lebanese) is أنا بأدرس (some Palestinian and Jordanian dialects).

## Exercise 3

Please express the following in Levantine Arabic:

1. He works a lot in his office.
2. My friends did not help me when I moved here.
3. She doesn't like Lebanese food.
4. Did you (fem.) speak with my mother?
5. She took him to her grandfather's house.
6. We always help them with their homework.

### *Still is*

*Still is* (ما زال in Classical Arabic) is expressed with the word بعد in Levantine Arabic.  In some dialects the word لِسّا is used instead.

#### Example:

Their houses are still in Beirut.

بيوتهم ما زالت في بيروت

بيوتهن بعدها (بعدا) ببيروت

|  | Classical Arabic | Levantine Arabic | Levantine Arabic (Damascus) |
| --- | --- | --- | --- |
| I am still | ما زلت | بعدني | لِسّاتني |
| He is still | ما زال | بعدو | لِسّاتو |
| She is still | ما زالَت | بعدها (بعدا) | لِسّانا |
| They are still | ما زالوا | بعدهن (بعدن) | لِسّاتن |
| You are still (masc.) | ما زلتَ | بعدَك | لسّاتَك |
| You are still (fem.) | ما زلتِ | بعدِك | لسّاتِك |
| You are still (plural) | ما زلتم | بعدكن | لسّاتن |
| We are still | ما زلنا | بعدنا | لسّاتنا |

To express a continuous action with the meaning of "still doing", one could use the continuous present tense that will be covered in the following chapter. For example: بعدني عمبأطبخ (I am still cooking).

It is worth mentioning here that بعد also means an action that just happened or is just finished. بعدني واصل من أثينا means "I just arrived from Athens" (I am just arriving from Athens).

The word after بعد should be حال or an إسم فاعل.

### Example:

She is just finishing (she just finished) cooking.

بعدها خالصة طبخ.

We just wrote a letter for him.

بعدنا كاتبينلو مكتوب.

## Exercise 4

Please express the following in Levantine Arabic:

1.  Are you (masc.) still in her house?
2.  She is still helping me with the exam.
3.  We had just arrived (use كان) from Paris when we heard that Leila married him.
4.  You (fem.) just arrived; stay longer, please.
5.  They are still working in her father's office.

## المفردات

| إنكليزية | فصحى | عامية |
|---|---|---|
| Origin | أصل، ج. أصول | أصل، ج. أصول |
| He goes | يذهب | بيروح |
| Work | عمل، ج. أعمال | شغل، ج. أشغال |
| To stay | بقي،ظل | بقي، ضلّ |
| But | لكِن | لكِن،بَس |
| Lazy | كسول | كسلان |

## Transcription

أنا اسمي عصام. أنا من بيروت. بيي اسمو (اسمه) الياس, امي اسما (اسمها) سهى. بيي بيروتي, هوي من بيروت بس *but* امي هيي من حلب. امي حلبية, اصلا (اصلها) حلبي. اما (امها) لأمي كانت من بيروت *likewise* كمان, بس بيّا (بيها) أصلو (أصله) من اللاذقية. بيي أصلو من بيروت وجدودي كلهن (كلهم) كمان. هني كانوا تجار وبيوتهن كلّاً (كلها) بعدا (بعدها) ببيروت.

بيي بيروح على شغلو (شغله) كل يوم الصبح, هوي بيشتغل مهندس, بالمكتب الكل بيحبوه. هوي رئيسهن. عندو (عنده) سيارة حلوي كتير, وغالية كتير. امّي بتضل بالبيت بس عند (عندها) سيارة أميركية. المرسيدس الو والكاديلاك الا (الها).

*lazy*

أنا تلميذ مدرسة. عمري عشر سنين بس ما بحب الدرس. كلهن بيقولولي انت يا عصام كسلان ما بتحب الدرس, بس بتحب تلعب. أنا بجاوبهن: حلّوا عنّي, امي قالت بتحب تساعدني, أنا بجاوبها: انتِ يا امي شو بيعرفك بالدرس؟ هنّي كلهن غلطانين, بضل قلهن: الدرس الكن واللعب الي.

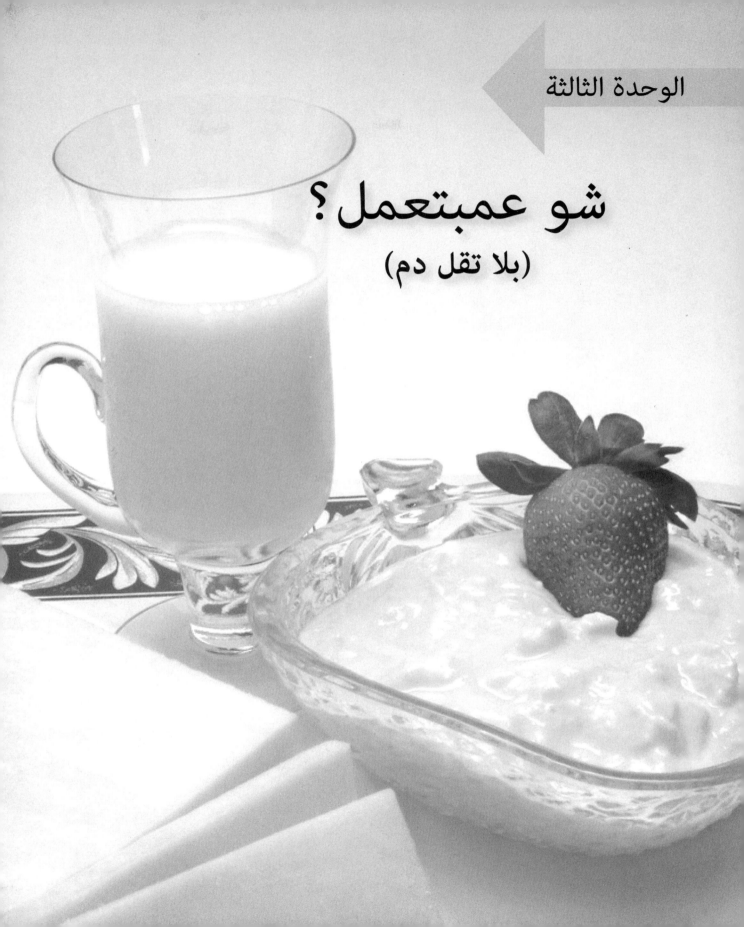

# شو عمبتعمل؟

## (بلا تقل دم)

# شو عمبتعمل؟

## Objectives

- Continuous tense.
- Future tense.
- Food discourse.

## قبل الاستماع

١. شو أكلت اليوم؟ وين؟ أيّا ساعة؟
٢. أيّا ساعة بتحب تآكل العشا؟
٣. لوين سافرت من قبل؟ أيمتى؟ ليش؟

## بعد الإستماع – شو فهمنا؟

**التمرين ١**

استمع إلى النص وأجب عن الأسئلة الآتية:

أ) ضع إشارة (✓) أو (✗) أمام العبارات الآتية:

١. زياد عمبياكل وعمبيدرس بنفس الوقت.

٢. ليلى ما أكلت تبولة اليوم.

٣. أمها لَليلى ما زارت أوروبا من قبل.

٤. يبدو (it seems) إنّو زياد عمبيتمسخر.

ب) اختر الإجابة الصحيحة مما يلي:

١. شو تعشت ليلى؟ ـــــــــــ .

أ) تبولة.

ب) كبة مقلية.

ج) ألبان وأجبان.

د) أول تنين (إثنين).

٢. شو عمبيعمل زياد؟ ـــــــــــ .

أ) عمبيدرس لَصف الكيميا.

ب) عمبياكل كبّة.

ج) عمبيدرس لَصف الأدب.

د) مش (ما، مو) عمبيعمل شي.

٣. كم مَرّة زارِت ليلى أوروبا؟ ـــــــــــ .

أ) مرتين.

ب) تلات مرّات.

ج) مرّة واحدة بس.

د) ولا مرّة.

٤. ليلى قالت عن عايلتها إنّو بيسافروا ________.

أ) كتير.

ب) شوي (a little).

ج) مرّة بالسنة.

د) أربع مرّات بالسنة.

ج) املأ الفراغات الآتية بالكلمات المناسبة:

١. زياد لازم ________ تَيقدر يسافر ويتخصص.

٢. غضبِت (زعلِت) ليلى من زياد لأنّو كان ________.

٣. ليلى ما أكلت كتير على العشا لأنّو ما كانت ________.

٤. زياد ما بيوقف دَرس، من ________ لّعشية.

د) رتب الأفكار الآتية بحسب ورودها في النص:

١. أهل ليلى بيسافروا كتير. ☐

٢. إم ليلى عملت تبولة اليوم. ☐

٣. زياد عمبيدرس منيح تيسافر على فرنسا. ☐

هـ) أجب على الأسئلة التالية أو إسأل الأصدقاء:

١. شو عمبتعمل هلّق (now)؟

٢. لوين رحت أبعد مشوار؟ أيمتى؟ ليش؟

٣. من الحوار بين زياد وليلى، بِشو بتشتهر بلدة شتورة؟

٤. بِشو بتشتهر بلدتك أو مدينتك؟

## Cultural notes

◀ حمّص

Hummus literally means "chickpeas". It is also the name of a famous appetizer prepared with chickpeas, lemon, garlic, salt and pepper. Some regions may add a little cumin, something that traditionalists do not like. Olive oil is added just before serving and not mixed in. It is traditionally scooped with a little cone of Syrian/pita bread.

◀ التبّولة

This salad originally comes from the Lebanon. It consists of parsley, mint, burghul (bulgur or cracked wheat), tomatoes, onions, lemon juice, olive oil, salt and pepper.  Unlike the yellowish mutilated versions we encounter around the world today, tabbouleh is mainly a very green parsley salad where all the other ingredients are very sparingly used.  It is eaten fresh, within minutes of making it, and traditionally it is eaten scooped up with lettuce, cabbage or grape leaves. Tabbouleh should not contain other spices or vegetables.

◀ كبّة مقلية

This is fried kibbeh. Kibbeh is ground meat, cracked wheat, onion, salt and pepper (some regions may add a little extra spice to the meat).  It could be eaten raw —national dish of Lebanon—, or baked in the oven with yogurt on the side or stewed with yogurt or with kishk (dried yogurt).  During Lent, kibbeh could be prepared meatless with pumpkin.  On the Antiochian-Levantine shores, in towns such as Antioch, Latakia, Tripoli, Beirut, Sidon, Acre, and Yaffa, kibbeh is sometimes prepared with fish.  In the Bekaa valley, Ramallah, Homs and Iraq, kibbeh could also be prepared meatless with potatoes.

▶ **Chtaura**

A well-known Lebanese town and a rest stop midway between Beirut and Damascus, Chtaura is a center for marketing the great dairy products of the Bekaa valley.  Before the 1975 civil war, Chtaura was famous for its posh hotels, villas, and exclusive clubs and restaurants. It was known as the meeting place for Arab dignitaries, the hub for the upper classes and the pied-à-terre of many international artists that performed at the Baalbeck International Festival, such as Herbert von Karajan, Rudolph Nureyev, Jean Cocteau, Ella Fitzgerald and others.  Unfortunately, after the war, urbanism and disorganization mutilated the face of the town. It is still an important banking center, however, and the clubs and restaurants that used to cater to dignitaries are either closed or catering to a different clientele.

## تدريب القواعد

## Continuous tense

This tense is formulated by adding عمـ at the beginning of the present tense.
**Example:** He is studying French عمبيدرس فرنسي

As in classical Arabic, to express a continuous action in the past, just conjugate كان in front of the verb

He was studying.
كان عميدرس.
She was studying.
كانِت عمبتدرس.

| | Present continuous | Past continuous |
|---|---|---|
| I am specializing | عمبتخصص | كنت عمبتخصص |
| He | عمبيتخصص | كان عمبيتخصص |
| She | عمبتتخصص | كانِت عمبتتخصص |
| They | عمبيتخصصوا | كانوا عمبيتخصصوا |
| You (masc.) | عمبتتخصص | كنت عمبتتخص |
| You (fem.) | عمبتتخصصي | كنتِ عمبتتخصصي |
| You (plural) | عمبتتخصصوا | كنتوا عمبتتخصصوا |
| We | عمّنتخصص | كنّا عمّنتخصص |

* The مـ and the بـ sounds become assimilated in the verb so it becomes very difficult to hear the بـ. Thus in some books written in Levantine Arabic, such as in the work of Michel Trad or Said Akl, the بـ may not be written at all in the continuous tense. عميدرس فرنسي

* The أ prefix from the first person singular is rarely heard; thus writing it may not be necessary.

One can also express an abrupt or sudden action that happens during a continuous one.

**Example:** I was eating when Ziad arrived.

كنت عمبأتعشّا (عمبتعشّا) لمّا وصل زياد.

Continuous tense could also be used with بعد, meaning "still is", covered in chapter 2.

**Examples:** Are you (fem.) still taking piano classes?

بعدِك عمبتاخدي دروس بيانو؟

We are still tolerating his freshness.

بعدنا عمّنتحمّل تقل دمّو.

## Exercise 2

Please express the following in Levantine Arabic:

1.  Ziad is speaking with Leila.
2.  My sister is having dinner now.
3.  Hello, I am in the market buying fruit now.
4.  Are you (plural) still laughing over her joke (نكتة)؟
5.  She is trying to help them. (To try: حاول)
6.  We were walking on the road when he told me that he loved me.
7.  They were watching TV when his mother came to visit them.  (Eliminate the ء from جاء, "to come", and conjugate accordingly).
8.  Why are you (masc.) making fun of me?

## Future tense

هيي: بتعرف حبيبي، إذا رح بتضل هيك، مش رح نقدر (نستطيع) نتزوج.

هوي: دخيلك ما بحب ضل أعذب (celibate). ليش عمبتحكي هيك؟

هيي: رح قلّك ليش. ما بتحب تروح معي على السينما، وما بتحب نروح أنا وايّاك (and you) على أي محل جديد، والماما مش رح تروح تزورها أبدا؟

هوي: يعني كل سبب المشكل هوي الماما.

هيي: إييه، الماما.

هوي: ايه روحي ياه (an expression meaning "get lost").

In Levantine Arabic the verb رح (راح) —"to go"— precedes another verb to express an action that will take place in the future. The main verb should always be in the present tense (مضارع). A good English equivalent to رح would be *shall* or *will*. Please note that the prefixes بـ and م of the present tense are dropped after رح. The future is negated by adding مش, ما, or مو before the verb.

We could also replace رح with a simple حَـ.

| To Study (future) | With رح | With حَـ |
|---|---|---|
| I shall study | رح ادرس | حأدرس |
| He shall study | رح يدرس | حيدرس |
| She shall study | رح تدرس | حتدرس |
| They shall study | رح يدرسوا | حيدرسوا |
| You shall study (masc.) | رح تدرس | حتدرس |
| You shall study (fem.) | رح تدرسي | حتدرسي |
| You shall study (plural) | رح تدرسوا | حتدرسوا |
| We shall study | رح ندرس | حندرس |

When standing by itself راح is also a verb that means "to go".

| To go | Past | Present |
|---|---|---|
| I | رحت | بروح |
| He | راح | بيروح |
| She | راحِت | بتروح |
| They | راحوا | بيروحوا |
| You (masc.) | رحت | بتروح |
| You (fem.) | رحتِ | بتروحي |
| You (plural) | رحتوا | بتروحوا |
| We | رحنا | منروح |

To express the future of *go*, use both of the above forms of راح .

**Example:** I shall go.

رح روح. (Note the drop of the بـ prefix)

She shall go.

رح تروح.

We will not go.

مش (ما، مو) رح نروح.

## Exercise 3

Please express the following in Levantine Arabic:

1. You (masc.) will eat.
2. We shall not eat at their house.
3. He went to the classroom yesterday morning (مبارح الصبح).
4. They will go tomorrow morning (بكرا الصبح).
5. She went to the beach during summer vacation. (In this expression Levantine people use the word sea instead of beach.)
6. Are you (plural) going to see him play the piano tomorrow?

## المصطلحات اللغوية

- تفضل
- يزيد فضلك

تفضل is used to politely offer hospitality to someone. It could be used to invite someone to visit a house, to come for dinner, to have a cup of coffee or to share in a meal.

If you open the door and find a friend or someone you would like to come in your house, invite him or her in by using the verb, for example: أهلا أمين، كيفك؟، تفضل

Your guest would answer: يزيد فضلك

Use this verb with those you meet in restaurants or cafés, too.

Please remember that تفضل is an imperative verb and it should be conjugated as such:

| When addressing | You would use |
|---|---|
| You (masc.) | تفضَل |
| You (fem.) | تفضلي |
| You (plural) | تفضلوا |

◀ ممنونك

This expression means: "I am indebted to you"; it is a way of saying thank you.

◀ ليش بقى؟!

This very common expression in the Levant is stated as a question, most of the time with an exclamation, and means: "Why then?!"

◀ بموت بـ

This expression literally means "I would die in something". Of course, it is a figurative form of speech. It really means to love something very much, almost like saying in American English "This ice cream is to die for". It could be used for both human and nonhuman topics.

◀ نيّالك

This expression is very powerful way of saying "Lucky you".

◀ شو بك؟ بك شي؟

Stated as a question, this expression means "What do you need?" "What is wrong?" Or it also could be stated as a question with a strong exclamation to express bewilderment, disappointment or disbelief: "What's wrong with you?!"

◀ وَلَو

This expression means "Come ON", indicating disbelief or disappointment in someone you like, from whom you did not expect such a thing.

◀ سماكة دم، تقل دم

This means freshness, lacking a sense of humor, overbearing, lacking panache and savoir-faire. Someone who has no sense of humor but who thinks he/she does is referred to as سميك الدم or تقيل الدم. On the other hand, someone with a sense of humor, savoir-faire and a pleasant presence is called خفيف الدم.

## المفردات

| إنكليزية | فصحى | عامية |
|---|---|---|
| Same | نفس | ذات، نفس |
| Delicious | لذيذ | طيّب |
| Fried | مقلي | مقلي |
| Hungry | جائع | جوعان |
| Well | جيّد | منيح، مليح |
| Evening | مساء | مسا، عشية |
| I want | أريد | بدّي، بريد<br>(will be covered later) |
| I went | ذهبت | رحت<br>(will be covered later) |
| To make fun of,<br>to be sarcastic | تمسخر | تمسخر |
| To laugh | ضحك | ضحك |
| Yogurts and cheeses<br>(generally, dairy<br>products) | ألبان وأجبان | ألبان وأجبان |
| Without (spare us from…) | دون | بَلا |

## Transcription

ليلى: مرحبا زياد.
زياد: أهلا ليلى.
ليلى: شو عمبتعمل؟
زياد: عمبآكل حمص وبذات الوقت عمبأدرس. تفضلي.
ليلى: يزيد فضلك. ممنونك تعشيت.
زياد: شو أكلتِ؟
ليلى: الماما عملت تبولة وكبة مقلية بس ما أكلت كتير.
زياد: ليش بقى؟ التبولة طيبة كتير وأنا بحب الكبة المقلية كمان.
ليلى: أي كلنا منحب التبولة ومنموت بالكبة. بس ما كنت جوعانة. شو عمبتدرس؟
زياد: عمبأدرس لصف الأدب الفرنسي (الفرنساوي) لازم ادرس منيح.
ليلى: ايه نيالك شو بتدرس من الصبح لعشية ما بتوقف أبدا.
زياد: ما لازم وقف. ما بريد وقف. بدي أنجح تأقدر سافر واتخصص. انت ما بتحبي تدرسي.
ليلى: ولوين بدك تسافر وتتخصص؟
زياد: لوين بدي سافر؟ على فرنسا. شو بكِ؟! رحتِ شي على فرنسا من قبل؟
ليلى: لأ ولا مرّة، بس الماما سافرِت لما كانت صغيرة.
زياد: ما زرتِ أوروبا من قبل؟
ليلى: لأ بس الماما زارِتها.
زياد: والبابا ما زارها؟
ليلى: لأ... شو باك عمبتتمسخر؟ ليش عمبتضحك؟ كلنا بالعايلة منسافر كتير.
زياد: ولوين سافرتوا من قبل؟ لوين رحتوا أبعد مشوار؟ قوليلي.
ليلى: ما بيخصك؟
زياد: على شتورة؟ يلله قولي.
ليلى: وشو بدنا نروح نعمل بشتورة؟
زياد: ولَو. تشتروا ألبان وأجبان. لَكَن؟!
ليلى: أي بس بقى وبلا سماكة وتقل دم؟

الوحدة الرابعة

# شو بدك تاخدي؟

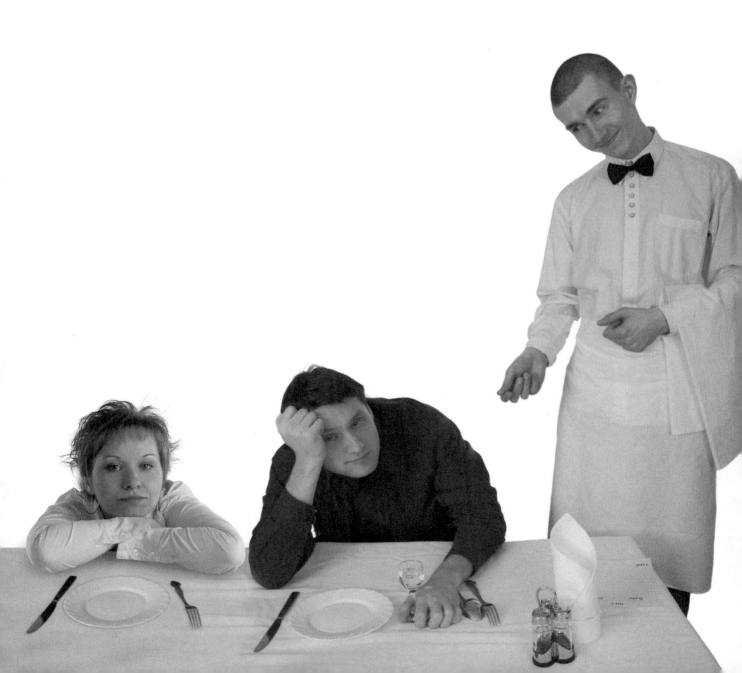

# شو بدك تاخدي؟

## Objectives

- Expressing wishes with بريد ,بدي, and بحب.
- Verb *to come* (إجا) and its imperative.
- Coffee etiquette.

## قبل الاستماع

١. شو منطلب عادةً بالقهوة (المقهى)؟

٢. كيف بتحب القهوة؟

٣. بتحب البوظة شي؟ أيا نوع؟

## بعد الإستماع – شو فهمنا؟

### التمرين ١

📻 استمع إلى النص وأجب عن الأسئلة الآتية:

أ)  ضع إشارة (✓) أو (✗) أمام العبارات الآتية:

١.  بهيدي القهوة بيشربوا القهوة من البريق.

٢.  قنينة الماي يلّي طلبها الشاب مسقعة.

٣.  الصبيّة ما طلبت بوظة.

٤.  الهيئة (it seems) الشاب كان مع بنت تانية الأسبوع الماضي.

ب)  اختر الإجابة الصحيحة مما يلي:

١.  شو علاقة هيدا الشاب بهيدي الصبية؟ _____ .

أ)  علاقة شغل (عمل).

ب)  علاقة عاطفية .

ج)  هيي اختو.

د)  زميلا (زميلها) بالجامعة.

٢.  كم شخص عمبيحكي (عمبيحكوا) بهلمقطع (passage)؟ _____ .

أ)  تلات أشخاص.

ب)  شخصين.

ج)  أربع أشخاص.

د)  خمس أشخاص.

٣.  شو بدو ياخد الشاب؟ _____ .

أ)  صحن بوظة على حليب وليمون.

ب)  صحن بوظة عفراز وشوكولا.

ج)  صحن بوظة مشكّل.

د)  ما بيحب ياخد بوظة.

٤. شو قال النادل (الغارسون) التاني للنادل الأول؟ ___________.

أ) قال إنّو ما بقى عندن (عندهن) بوظة.

ب) قلّو (قال له) الصبيّة حلوة كتير.

ج) قال إنّو الشاب والصبيّة كانوا بالقهوة الأسبوع الماضي.

د) قال إنّو هايدي الصبية ما كانت مع هيدا الشاب الأسبوع الماضي.

**ج) املأ الفراغات الآتية بالكلمات المناسبة:**

١. الصبيّة بتحب القهوة ___________.

٢. النادل (الغارسون) الأول قال إنّو الشاب والصبيّة ___________.

٣. الليمون والفراز والشوكولا والحليب كلها ___________ بوظة.

٤. الشاب هوي ___________ يلّي كان مع بنت تانية الأسبوع الماضي.

**د) أجب على الأسئلة التالية:**

١. شو طلبت الصبية؟

٢. هيي حبيبتو الوحيدة شي؟ كيف عرفنا؟

٣. شو بتحب عادة تاخد بعد ما تاكل بوظة؟

٤. عأيّا (على أيّا) قهوة بتحب تروح مع أصحابك (أصدقاءك)؟ شو بتعملوا هونيك؟

The woman made a mistake ordering ice cream. Can you go back to the passage and find out what type of mistake she made?

## Cultural notes

◀ القهوة

When people visit one another in the Middle East coffee is always served. Middle Eastern coffee is also known around the world as Turkish or Greek coffee. To make it grind coffee beans very finely, to a powder-like consistency, and use a teaspoon and a half for every small coffee cup of water. Add sugar very sparingly. Allow the coffee to boil 3 to 5 times then rest for 2 minutes. Then it is ready to be served. Middle Eastern coffee is different from bitter Arabic coffee or Bedouin coffee (القهوة المرة), which is prepared with half roasted, coarsely ground Yemeni coffee, boiled for a very long time and then seasoned with cardamom seeds.

Drink the coffee slowly; do not ask for a second serving. If any sweet is served with it, do not take seconds, even if offered. At the end of the cup, deposit it gently in front of you, saying دايمة or قهوة دايمة or simply شكرا. Coffee is an occasion to socialize, not to play the yuppy epicure and connoisseur of coffee beans. Do not lecture; just converse on other topics.

When you serve coffee to a group, you start with the most important person in the room and finish with members of your own family and then yourself. If no VIP is present, you start with the oldest person in the room. If all present are of the same age or importance, you start with the women. If the server is a woman, she still serves herself last. If it is too confusing to determine who is more important or who is older, then you could excuse yourself by announcing من الأقرب and start from the closest and go around. You serve coffee on a tray, going around to each person.

### ▶ Things to say when offered coffee

شكرا

لا شكرا

### ▶ Things to say after you finish your cup (to be said by the guest)

May your coffee hospitality last forever

قهوة دايمة

May we drink in your coming happy occasions (usually means a wedding)

بالأفراح شكرا

▶ **Answers to the guests remarks (to be said by the host)**

صحتين

أهلا وسهلا

شرّفت، شرّفتِ، شرّفتوا (You have honored us)

▶ **How to order coffee in a café or in a restaurant**

Bedouin coffee please, bitter Arabic coffee (only served at upper class or elegant restaurants):

قهوة مرة

No sugar:

بدون سكر

Little sugar (the best way of enjoying it):

سكر قليل

Sweet:

حلوة

Regular coffee with a little sugar:

قهوة سادة

▶ **Sayings and myth relating to coffee**

دلق القهوة خير means "spilling of coffee is good luck". This saying probably comes from the old days when arranged marriages were the norm. The parents of the man and his clan would come to visit the parents of the woman in order to officially ask her hand in marriage. If the answer was yes, the bride-to-be would come out with a tray of coffee and would approach her husband-to-be for the first serving. When she saw him, if she was stunned by his beauty and presence, the tray would shake and coffee would spill: She was in love and the marriage would work.

شرفنا (شرفينا، شرفونا) على فنجان قهوة means "Honor us with a visit for a cup of coffee". This expression is the way to formally invite someone to come and visit you and share a cup of coffee.

In the hot summer days, coffee could be replaced by or could follow icy cold mulberry drinks (شراب التوت) or lemonade (ليموناضة). The same etiquette applies.

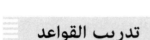

## تدريب القواعد

These verbs mean "I want".

| | | |
|---|---|---|
| I want | بدّي | بريد |
| He wants | بدّو | بيريد |
| She wants | بدّا (بدها) | بتريد |
| They want | بدهن | بيريدوا |
| You want (masc.) | بدّك | بتريد |
| You want (fem.) | بدِّك | بتريدي |
| You want (plural) | بدكن | بتريدوا |
| We want | بدناء | منريد |

As you can see, the word بدّي is not conjugated as مضارع but is attached to possessive pronouns. Its origin is الود, or "the good wish". So when we say بدنا , that means "it is our wish". بريد is a more formal way of stating the desire of someone. Both بدّي and بريد are used alone with a direct object to convey a desire of something: بدّي بوظة (بريد بوظة) "I want ice cream". Or a present tense verb can follow بدّي or بريد to express a desire to do something: بدّي آخد بوظة or بريد اشرب قهوة. Yet another option is to use the more formal بحب: بحب آخد بوظة. بريد and بحب can express the more polite "would like" as well as "want".

To express all the above in the past, just put unconjugated كان in front of بدّي or conjugated كان infront of بريد and بحب.

كان بدّي آخد فنجان قهوة.

كنت بحب آخد فنجان قهوة.

كانت بتريد فنجان قهوة.

كان بدّا (بدها) فنجان قهوة.

## Exercise 2

Please express the following in Levantine Arabic:

1. He wants to eat in a restaurant.
2. We want to take a taxi.
3. Would you (fem.) like tea or coffee?
4. They want water with their dinner.
5. What type of coffee would you like, American or Italian?
6. Hey John, do you want this pencil?
7. I would have liked to rent that red car.
8. She wanted her son to marry their neighbor.
9. We wanted 3 coffees, 2 with little sugar and 1 regular.

### إجا، تعا، نعم، إيبه

الأم: ماما، عصام، تعا لهون، بدّك عروس لبنة؟

عصام: إيبه، مع زيت وزيتون.

الأم: تكرم عينك، بدّك خيارة مع العروس؟

عصام: إيبه.

الأم: ورفقاتك، ما بدهن (بدّن) عرايس كمان؟ اسألهن.

الأولاد (رفقات عصام): نعم كلنا بدنا سندويشات.

الأم: تكرم عينكن، مع خيار كمان؟

الأولاد: نعم.

(بعد قليل)

الأم: يالله عصام، إجا وقت الدرس، تعا... ما بدّك تجي؟

عصام: لأ، ما بدّي إدرس.

الأم: اصطفل، اذا ما درست ما بتنجح.

الولد: ولَشو الدرس؟

## التمرين ٣

أجب على الأسئلة التالية:

١.    شو بدّو عصام؟ كيف؟

٢.    مين بدّو نفس الشي كمان؟

٣.    ليش إم عصام ندهِتلو (she called him) مرّة تانية؟

٤.    مين مهذب أكثر، عصام ولاّ رفقاتو؟ من شو منعرف هالشي (this thing)؟

## Exercise 4

Rewrite the dialogue above, replacing each instance of بدّي with the correctly conjugated form of بريد.

## Cultural notes

◀ عروس

عروس is a colloquial term for "sandwich". It is possibly one of the oldest forms of sandwiches.  It is a wrap of Syrian bread ( pita) or mountain bread (صاج، تنور) containing a variety of ingredients such as yogurt spread, jam, or zaatar, cheese, or pickled eggplants.The عروس is a very common snack among children in the afternoon or at school break. The most common عرايس are the following:

◀ عروس لبنة

This sandwich is a wrap containing a yogurt spread (lightly salted yogurt that has been drained of its own water).  Usually olive oil is added to the wrap. A cucumber (خيارة) could be sliced and added in the wrap or given on the side to "crunch" along.  Many people also like to add mint leaves, olives and sometimes tomatoes to this very common sandwich.

◀ عروس زعتر وزيت

Zaatar is a mixture of herbs and sometimes few spices. It always contains wild oregano and thyme; sumac and sesame seeds are usually added. A paste is made by adding olive oil to this mixture. This paste is then spread on bread to make a popular wrap out of it, or on a piece of dough to make the famous مناقيش or طلامي بزعتر so popular for breakfast. There is a myth among the elderly that before an exam, زعتر awakens children's brains and intelligence.

◀ عروس باثنجان مكبوس (مكدوس)

This is a wrap of little pickled eggplants (Italian eggplants) that are stuffed with walnuts and garlic.

## The verb إجا

The verb إجا has its origin in Classical Arabic جاء. Please notice that Levantine Arabic eliminates the ء from the end of the verb and places it at its beginning. The usage of this verb in Levantine Arabic is parallel to its usage in Classical Arabic. It is unique since the imperative is expressed with another verb, تعال (Classical Arabic) or تعا (Levantine Arabic).

Depending on the dialect, the ء is either kept or eliminated. Both possibilities are given in the chart below.

| | Classical Arabic | Levantine Arabic-past | Levantine Arabic-pres. |
|---|---|---|---|
| I came | جئت | جيت، إجيت | بجي |
| He came | جاء | إجا | بيجي |
| She came | جاءت | إجت | بتجي |
| They came | جاءوا | إجوا | بيجوا |
| You came (masc.) | جئتَ | جيت، إجيت | بتجي |
| You came (fem.) | جئتِ | جيتِ، إجيتِ | بتجي |
| You came (plural) | جئتم | جيتوا، إجيتوا | بتجوا |
| We came | جئنا | جينا، إجينا | منجي |

As we have mentioned above, the imperative looks like this:

| | Classical Arabic | Levantine Arabic |
|---|---|---|
| Come (masc.) | تعال | تعا |
| Come (fem.) | تعالي | تعي |
| Come (plural) | تعالوا | تعوا |

However, to negate this imperative, we go back to the جاء form: ما تجي Do not come [masc.] tonight.

We could also negate it with لا as in the titles of 2 Fairuz songs (lyrics by the Rahbani brothers): لاتجي اليوم ولا تجي بكرا (Don't come today, don't come tomorrow); تعا ولا تجي (Come but don't come)

## Exercise 5

Please express the following in Levantine Arabic:

1. He came to the academy yesterday.
2. Hey John, come here.
3. Do not come by taxi.
4. She wants to come home.
5. Come to Jamaica.

### المصطلحات اللغوية

◀ وحياتك

This word means "please".

◀ عمول معروف

Literally the expression means "do a favor". It means "please".

◀ تكرم عينك

This phrase is a way of saying "you are most welcome" or "most willingly I will oblige" after someone asks for something or thanks you for doing him/her a favor.

◀ شو قولك

This question asks "what do you say" or "what do you think of...?"

◀ شو بدك بهالشغلة

"It does not concern you", "stay away from this matter", or "none of your business".

## المفردات

| إنكليزية | فصحى | عامية |
|---|---|---|
| Only | فقط | بس |
| Bottle | زجاجة | قنّينة، ج. قناني |
| Cold | بارد | مسقّع، بارد |
| Ice cream | بوظة | بوظة |
| Strawberry | فراز (فريز)، فراولة | فراز (فريز) |
| Dish | صحن | صحن، ج. صحون |
| Varied, of all kinds, adorned | مشكّل | مشكّل |
| Lover (someone in love) | عاشق | عاشق، ج. عشّاق |
| Hurry up | أسرع | عجّل |
| Also | أيضًا | كمان |
| Immediately, right now, quickly | حالًا | قوام |
| A Levantine sandwich made with rolled Syrian (pita) bread | | عروس |
| Cucumber | خيار | خيار |
| Yogurt cheese, yogurt spread | لبنة | لبنة |

## Transcription

(في المقهى رجل وامرأة على الطاولة)

الشاب:  شو بتحبي تاخدي حبيبتي؟

الصبية:  بدي فنجان قهوة سادة بس.  هيدا كل شي.

الشاب:  هيدا كل شي بدِك؟

الصبية:  نعم.

الشاب:  عظيم.  وأنا بدي آخذ فنجان قهوة كمان. (ينده للغارسون)

النادل:  أهلا وسهلا فيكن  استاذ.  شو بتحبوا تاخدوا.

الشاب:  وحياتك بدنا ٢ قهوة وشي قنينة ماي مسقعة عمول معروف.

النادل:  تكرم عينك.  بتحبوا تاخدوا بوظة؟

الصبية:  شو في عندك أنواع؟

النادل:  حليب وشوكولا وليمون وفراز, شو بتريدوا تتطلبوا.

الشاب:  شو بتريدي؟

الصبية (للشاب):  ما بدي فريز ولا ليمون.

الشاب:  طيب, شو قولك تاخدي صحن مشكّل؟

الصبية  (للغارسون):  عظيم.  صحن مشكل.

الشاب:  ولإلي كمان.  بحب آخد صحن مشكّل.

النادل:  تكرم عينكن. (يذهب لعند غارسون تاني ويقول له) العشاق بدن صحنين بوظة. يالله عجّل فيهن قَوام.

النادل الثاني:  لك ما هوي نفسو يلّي كان مع البنت التانية الأسبوع الماضي؟

النادل:  شو بدك بهالشغلة.

الوحدة الخامسة

# شريعة بيت ولاّ خناقة؟

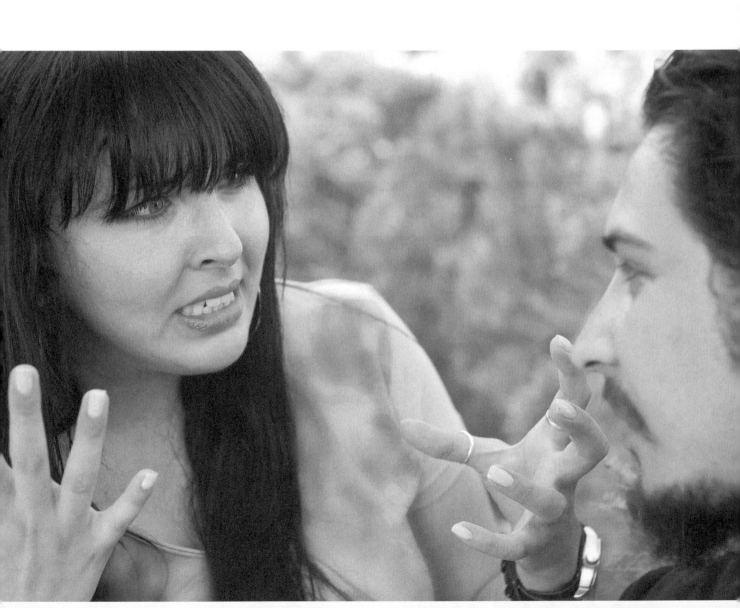

# شريعة بيت ولاّ خناقة؟

## Objectives

- Relative pronoun يلّي.
- Demonstrative pronouns هيدا، هيدي and their variations.

## قبل الاستماع

١.	كم كنزة عندك؟ شو ألوانهن؟ أيمتى اشتريتهن (اشتريتيهن)؟ من وين؟ بقديش؟ أيمتى بتلبسهن؟ شو لون هيدي القميص يلّي لابسها؟

٢.	بأيا طابق غرفة نومك (أوضة نومك)؟ شو فيها غراض (أغراض)؟

## بعد الإستماع - شو فهمنا؟

### التمرين ١

استمع إلى النص وأجب عن الأسئلة الآتية:

أ) ضع إشارة (✓) أو (✗) أمام العبارات الآتية:

١. الكتاب تحت الطاولة. ☐

٢. الكنزة على الطاولة بأوضة النوم. ☐

٣. قالت الست (السيدة) إنو زوجها ما بيحب يشتغل. ☐

٤. بالآخِر، انتهت الشريعة بالمنيح (المليح). ☐

ب) اختر الإجابة الصحيحة مما يلي:

١. شو ترك الزوج حد الشبّاك؟ ________.

أ) صبّاط.

ب) كتاب.

ج) ابريق الماي.

د) مفتاح الأوضة.

٢. بأيا أوضة الكنزة؟ ________.

أ) بالأوضة يلّي بالطابق الأول.

ب) بالأوضة يلّي بيناموا فيها.

ج) بالأوضة يلّي لَلولاد (لَلأولاد).

د) بالأوضة يلّي إلها شباك.

٣. بشو اتهمت (accused) الست زوجها؟ ________.

أ) بإنّو قليل الخصية.

ب) بإنّو كسلان (كسول).

ج) بإنّو قليل الادارة.

د) بالتلاتة كلهن.

٤. شو صار (happened) للمرا (الست، الإمرأة) بعد هيدي الشريعة؟
أ) عطشِت.
ب) ما صرلا (صار لها) شي.
ج) تعبِت وعطشِت.
د) ما وقّفِت حكي.

ج) املأ الفراغات الآتية بالكلمات المناسبة:

١. الرجّال قال إنّو بيحط __________ محلاّتهن.
٢. المرا قالت إنو زوجها قاعد النهار كلّو لا شغلة ولا __________.
٣. ابن عمّو قتل حالو تَيوظفو بـ __________ يلّي بيشتغل فيها.
٤. برأي المرا إبنها أيمن طالع متل __________ كسلان.

د) أجب على الأسئلة التالية:

١. وين ترك الرجّال (الزلمة) الصبابيط؟
٢. شو عمبيعملوا الرجّال ومرتو بهيدا المقطع (passage)؟ ليش؟
٣. كيف وصفت المرا ولادها (أولادها)؟
٤. أيمتى آخر مرّة تشارعت فيها مع حدا (واحد) من عايلتك؟ على شو تشارعتوا؟

هـ) صف واحد قليل الخصية بتعرفو (بتعرفيه)

## تدريب القواعد

### The Relative Pronoun يلّي

In Classical Arabic you have learned that الذي , التي, الذين, اللواتي and so forth are relative pronouns that must agree with nouns to which they refer in gender and number.

**Examples:**

a) The student who played here — التلميذ الذي لعب هنا
b) The car that went to Beirut — السيارة التي ذهبت الى بيروت

c) The engineers who graduated from the academy

المهندسون الذين تخرّجوا من الأكاديمية

Please note that التلميذ، السيارة، المهندسون are all definite.  If they were indefinite, then there would be no need for a relative pronoun:

A student who played here                              تلميذ لعب هنا

The same rules apply to Levantine Arabic.  Just change any of the above relative pronouns to يلّي . Regardless of gender and number, يلّي replaces all the relative pronouns of Classical Arabic. It could also be contracted to لّي.

### Examples:

a) التلميذ يلّي (لّي) لعب هون

b) السيارة يلّي (لّي) راحت على (عـ) بيروت

c) المهندسين يلّي تخرّجوا من الأكاديمية

Please note that, as in Classical Arabic, a superlative expression, although definite in nature, is treated as indefinite and the relative pronoun is not used.

### Example:

This is the best restaurant in town. هيدا أحسن مطعم بالمدينة.

## Exercise 2

Please express the following in Levantine Arabic:

1.   The girl who fell in love with him. (Eliminate the أ from أحبّ)
2.   I know the one who ate his dinner in front of the television.
3.   Who is the one who walks in the dark every night?
4.   The sweater that he bought last week* is green.
5.   My dog is the biggest dog in the neighborhood (حي).
6.   The dog that is mine is black, but the one that is yours is white.

*As in Classical Arabic, remember to attach an object pronoun at the end of the verb to refer to *sweater*.

## Demonstrative articles

Study the following chart:

| Demonstrative Articles | Classical Arabic | Levantine Arabic |
|---|---|---|
| This (masc.) | هذا | هيدا، هادا |
| That (masc.) | ذلك | هيداك، هيداك |
| This (fem.) | هذه | هيدي، هادي |
| That (fem.) | تلك | هيديك، هاديك |
| These (masc., fem.) | هؤلاء | هودي، هاو، هدول |
| Those (masc., fem.) | تلك | هوديك، هدوليك |

As in Classical Arabic, the demonstrative article falls after the idafa.

**Example:**

This man's car. سيارة الرجّال هيدي

It is possible to replace most of these demonstrative pronouns with a simple هَـ or ها.

**Example:**

He rented this apartment a long time ago. استأجر هالشقة من زمان.

## Exercise 3

Please express the following in Levantine Arabic:

1. Why are you (masc.) studying this book?
2. She is speaking to her mother on that telephone.
3. Those clothes are theirs. (ملابس، ثياب)
4. For whom is that car?
5. I should take these pills before lunch. (pill:حبّة)
6. Your son is eating in that room.
7. We left you (plural) the key under that door.
8. This bedroom is too large.

9. We used to meet in that café that overlooks the river.
10. His belongings are all over.
11. You (masc.) should put each item in its own place.
12. When she saw me, she made believe she did not recognize me.
13. Damn you (fem.), you are so lazy, sitting home the whole day with no work at all.
14. My children love music; they take after their mother.

## المصطلحات اللغوية

**◄ تبع**

Although it mean "to follow", تبع also means "belonging to". If someone says البيت تبعي that means "the house that belongs to me", or more simply "my house". Depending on the dialect, this expression can stay masculine singular or it can agree in gender and number, for example السيارة تبعيتنا or الأساتذة تبعولنا.

**◄ عامل حالو**

This expression means "to make believe". It could be followed by a verb or by a participle.

**Examples:**

| | |
|---|---|
| عامل حالو مش عارف | He makes believe that he does know. |
| عاملة حالها ما إلا (إلها) علاقة بهالشي | She makes believe she has no relation with this thing. |
| عاملين حالهن ما بياكلوا لحم | He makes believe he doesn't eat meat. |

**◄ معلوم**

"Of course". It literally means "it is known".

**◄ كل ... ببلد ، كل ... بوادي**

These expressions refer to things that are scattered and disorganized. For example, كل كتاب ببلد means "the books are too scattered and disorganized". كل صبّاط بوادي has the same meaning.

**◄ لا شغلة ولا عملة**

This expression insinuates laziness or a lack of work.

**◄ قتل حالو**

A figurative form, effectively saying "He killed himself trying the impossible".

◄ **قليل الخصية**

This phrase means "lazy" or كسول.

**Example:**

Rima is lazy; she stays home all day not doing any work.

ريما قليلة الخصية، بتضل النهار كلّو بالبيت لا شغلة ولا عملة

Why are your (masc.) children lazy?

ليش ولادَك قلال الخصية؟

◄ **طالع متل...**

This expresion means "to take after someone".

◄ **عيب، عيب هالحكي، يا عيب الشوم**

By itself عيب means "shame",
or "shame on you". عيب هالحكي
means "this talk is shameful
and not true". Changing the
intonation of this expression
could make it mean the oppo-
site, as in saying "please" after
someone thanks you, or saying
"you are embarassing me".

◄ **يقطع عمر**

These words mean "damn
someone".

◄ **العمى**

Although it means "blind-
ness", العمى expresses discon-
tent or awe toward a person or
thing. It is usually used in the
phrase العمى بقلب, often with
a possessive: العمى بقلبَك (you
masc.).

## المفردات

| إنكليزية | فصحى | عامية |
|---|---|---|
| An argument | مناقشة حادة | شريعة |
| A fight (an argument) | خناقة | خناقة |
| Window | نافذة ، شباك | شباك |
| A place | مكان | مطرَح ، مكان |
| Sweater | كنزة | كنزة |
| Room | غرفة | أوضة |
| Belonging to | أريد | تبع |
| For sure | أكيد | أكيد |
| To put, to place<br>It also means "to land"<br>for a plane or a bird | وضع | حطّ |
| Shoe | حذاء (أحذية) | صبّاط (صبابيط) |
| Thing (item) | غرض | غرض |
| There (over there) | هناك | هونيك ، هنيك |
| | يتكلم ، يحكي | يحكي |
| To put a thing in its place | ضبّ | ضبّ |
| To return something | أعاد ، ردّ | ردّ |

## Transcription

هيي: حبيبي، هيدا (هادا) الكتاب لمين؟
هوي: أيّا كتاب؟
هيي: يلّي على الطاولة (علطاولة)
هوي: أيّا طاولة؟
هيي: الطاولة هاديك يلّي تحت الشباك.
هوي: يلي تحت الشباك هيداك؟
هيي: نعم
هوي: ما بعرف، مش (مو) الي.
هيي: لمين لكن؟
هويي: ما بعرف.
هيي: هيدا مطرحو مش (مو) حد الشباك، انت تركتو هونيك (هنيك).
وهيدي الكنزة يلي على أرض أوضة النوم؟
هويي: أيّا أوضة نوم؟
هيي: يلي بالطابق التاني، أوضة النوم تبعيتنا (تبعنا).
هويي: الكنزة لّي بأوضة النوم؟
هيي (بتأمأم): لّي فوق، نعم، لمين هيي!!!
هويي: ايه، لمين هيي؟
هييي: عامل حالك مش (مو) عارف؟
هويي: اييه لمين؟ منّا الي أكيد. أنا بحط اغراضي محلاتهن، برجعهن كلهن.
كل غرض محلّو.
هيي: اييه معلوم. وهاودي (هدوليك) الصبابيط يلّي حد الباب، قوم ضبهن, يلّله قوم.
هويي: شو بكِ؟
هيي: لأ انت شو باك, كل غرض ببلد ما بترد شي على مطرحو وقاعد على هالصوفة النهار كلّو
لا شغله ولا عمله.
هويي: ايه بلا هالحكي ياه...

هيي: وابن عمّك يلي قتل حالو تيوظفك بالشركة يلي بيشتغل فيها، وبعد كل هالشي قلتلو لأ... واحد قليل الخصية... وهودي ولادك طالعين متلك...

هويي: عيب هالحكي يا مرا...

هيي: عيب على شو؟.. هيدا ابنك أيمن, أنا مش (مو, منّي) شايفة أكسل من هيك...

هويي: ايه لك عيب عليكِ...لك...

هيي: (تجلس بالقرب منه) يقطع عمرك تعّبتني... حبيبي, روح جبلي ابريق الماي.

هويي: أيّا ابريق

هيي: لك هاداك الابريق (البريق), ما في غيرو, يلّي بالبراد, يللّه حبيبي قوم. تعبت كتير اليوم.

هويي: العمى!!!

الوحدة السادسة

# شو في ما في؟

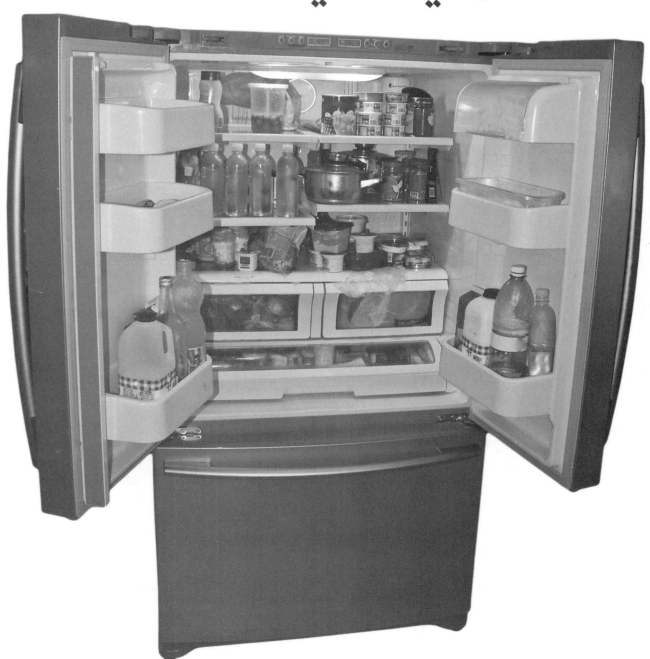

# شو في ما في؟

## Objectives

- Nominal sentence: There is.
- Gossiping about a problem.
- Names of some food items.

## قبل الاستماع

١. كم طالب بالصف؟ كم طالبة في بالصف؟

٢. شو في على الطاولة؟ شو في على المكتب؟

٣. انت متزوج شي؟ وين بامكانك (فيك) تقضّي شهر العسل؟

## المصطلحات اللغوية

**شو في ما في؟**

This expression means "What is going on?" or "What's up?" If the answer is *nothing,* then one would reply:

**ما في شي.**

## بعد الإستماع – شو فهمنا؟

**التمرين ١**

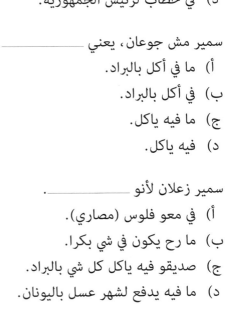 استمع إلى النص وأجب عن الأسئلة الآتية:

أ) ضع إشارة (✓) أو (✗) أمام العبارات الآتية:

١. سمير سأل شو الأخبار.

٢. في فواكة بالبراد.

٣. خطيبة سمير ما بدها تروح على اليونان.

٤. بشتورة ما في أوتيلات.

ب) اختر الإجابة الصحيحة مما يلي:

١. شو قال سمير في أخبار اليوم؟ _____.

أ) ما بيعرف اذا في أو لأ.

ب) ما في شي أبدا.

ج) في مباراة مهمة على التلفزيون.

د) في خطاب لرئيس الجمهورية.

٢. سمير مش جوعان، يعني _____.

أ) ما في أكل بالبراد.

ب) في أكل بالبراد.

ج) ما فيه ياكل.

د) فيه ياكل.

٣. سمير زعلان لأنو _____.

أ) في معو فلوس (مصاري).

ب) ما رح يكون في شي بكرا.

ج) صديقو فيه ياكل كل شي بالبراد.

د) ما فيه يدفع لشهر عسل باليونان.

٤. بالبراد في _____.

أ) خضرا.

ب) لحمة.

ج) سمك.

د) فواكة.

ج) املأ الفراغات الآتية بالكلمات المناسبة:

١. كل شي منيح، ما في _____ جديد بالأخبار.

٢. أنا مش _____ ، ما فيي آكل شي.

٣. فيك تشتريلي _____ من السوق؟ بدي تفاح وخوخ ودراق.

٤. هالعرس كبير وفيه ٣٠٠ شخص _____.

د) رتب الأفكار الآتية بحسب ورودها في النص:

١. فارس جوعان وسأل شو في بالبراد.

٢. سمير ما فيه يروح على اليونان ليقضي شهر العسل.

٣. سأل فارس شو في أخبار اليوم.

## Cultural note

حواضر البيت

This phrase means "house snacks".

In Levantine houses there are always cheese, yogurt spread (labaneh; see a previous chapter), olives, and vegetables at hand. They are called حواضر البيت.

## Exercise 2

### Conversation

Please express in Levantine Arabic where you are able to afford a vacation and what you are able to do or not to do during this vacation.

## تدريب القواعد

### في, meaning "there is"

This word will replace the Classical Arabic هناك as the beginning of a nominal sentence in Arabic.

**Example:** There is (are) fruits in the refrigerator.
هناك فاكهة في البراد (Classical Arabic)
في فواكة بالبراد (Levantine Arabic)

Calssical Arabic في, meaning "in," may be replaced in Levantine Arabic with بِـ.

**Example:** I ate in the restaurant.
أكلت في المطعم (Classical Arabic)
أكلت بالمطعم (Levantine Arabic)

في is negated with ما.

**Example:** There is no dinner tonight.
ما في عشا الليلة.

## Exercise 3

Please express the following in Levantine Arabic:

1. There is (are) 4 cars in this parking lot.
2. There is a book on that table. في كتاب عطاولة
3. There is no one in the house.
4. I don't know if there are any children in this public garden.
5. There is a lot of snow in Lebanon in the winter. في تاج كتير بلبنان بشتا

### في, meaning "can" or "be able to"

في is used to express the ability to do something.

**Example:** She can eat.
تستطيع أن تأكل (Classical Arabic)
فيها تاكل (Levantine Arabic)

It is also negated with ما, for example ما فيها تاكل —"she cannot eat".

As we can see, في may be attached to a possessive pronoun to indicate who is or who is not able to do a specific action.

| | Classical Arabic | Levantine Arabic |
|---|---|---|
| I am able | أستطيع ، يمكنني | فيّي ، فيني |
| He is able | يستطيع ، يمكنه | فيه |
| She is able | تستطيع ، يمكنها | فيها |
| They are able | يستطيعون ، يمكنهم | فيهن ، فيهم |
| You are able (masc.) | تستطيع ، يمكنك | فيك |
| You are able (fem.) | تستطيعين ، يمكنكِ | فيكِ |
| You are able (plural) | تستطيعون ، يمكنكم | فيكن ، فيكم |
| We are able | نستطيع ، يمكننا | فينا |

في is followed by a verb conjugated in مضارع منصوب without the addition of بـ or مـ.

**Examples:** He can sleep.
يمكنه أن ينام (Classical Arabic)
فيه ينام (Levantine Arabic)

They can sleep.
يمكنهم أن يناموا (Classical Arabic)
فيهن يناموا (Levantine Arabic)

## Exercise 4

Please express the following in Levantine Arabic:

1. I am able to eat.
2. They are not able to eat.
3. We are able to go to the movies.
4. Can you (masc.) help me?

5. Can you (fem.) help her?
6. I don't know if he is capable of passing the exam.

## المصطلحات اللغوية

◀ طمّن بالك

### Example:

Rest assured (plural) nothing will happen.

This expression means "don't worry, rest assured".

طمّنوا بالكن، ما بيصير شي.

### Try it yourself (1)

a) Tell a male that he shouldn't worry and that he will keep his job.
b) Tell a woman that she shouldn't worry because there are enough fruit and vegetables in the refrigerator.

◀ على راسي

Although it literally means "on my head", this expression means "most willingly I will do it". (See chapter 13 for further usage of this expression and the possible reply.)

### Example:

– فيك تساعدني بشغل البيت.

– على راسي

### Try it yourself (2)

Render the following dialogue into Levantine Arabic, using the expression appropriately:

– Could you get me some yogurt spread and olives?
– With pleasure.

◀ مش على بعضك

"You don't seem all right." this expression is used when someone suspects something is wrong with someone else.

### Example:

ما عجبني أحمد اليوم، مش على بعضو.

◀ عال

This word is like saying "perfect" or "great" to express either great satisfaction or sarcasm, depending on intonation.

### Example:

- نجح ابني بالفحص (الامتحان) وبدو يروح عالجامعة.

- عال والله.

- سقط ابني بالفحص.

- عال.

### Try it yourself (3)

Render the following dialogue into Levantine Arabic, using the expression appropriately:

- There's no food in the fridge.
- Great.

- Her son is getting married.
- Perfect.

◀ حل عنّي بقا

"Leave me alone", "Get off my case!", or "Buzz off!"

### Example:

ما فيني العب معِك، حلّي عني.

◀ تضرب

This word is similar to saying "damn" someone or something. Being a verb, it conjugates just like other verbs. It may be used negatively and positively.

◀ يا عيني عليك

This expression is used to tell someone: "good for you, I am proud of you". It also could be used in a sarcastic way.

◀ يا عيني!

Used by itself, it also means marveling at something or mocking it.
**Example:**

- يا عيني شو هالمباراة الحلوة!
- يا عيني على هالمباراة!

## المفردات

| | عامية | فصحى | إنكليزية |
|---|---|---|---|
| * | مبارح | أمس | Yesterday |
| * | كمان | أيضا | Also |
| | جبنة | جبنة | Cheese |
| | لبنة | لبنة | Yogurt cheese (spread) |
| | زيتون | زيتون | Olives |
| | خيار | خيار | Cucumber |
| | بندورة | بندورة | Tomato |
| | خوخ | خوخ | Plum |
| | درّاق | درّاقن | Peach |
| | عرس | زفاف، عرس | Wedding |
| | تسلّى | تسلّى | To spend leisure time doing something |
| * | هلّق | الآن | Now |

## Transcription

- مرحبا
- أهلا
- شو في بالأخبار اليوم؟
- ما في شي أبدا. متل مبارح.
- وشو كان في مبارح؟
- ما كان في شي أبدا كمان، وطمّن بالك بكرا ما رح يكون في شي.
- ايه على راسي. شو بدنا بالأخبار أكلت شي؟
- ما بدي آكل، مش (مو) جوعان، ما فيي (فيني) آكل شي. انت روح علمطبخ افتح البراد وكول.
- ما فيك تآكل؟
- لأ ما فيي.
- شو باك مش على بعضك, في شي؟
- ما في شي.
- طيب على راسي شو في عندك بالبراد؟
- بالبراد في جبنة، في لبنة، في زيتون، في خيار، وكمان في بندورة.
- في فواكهة؟
- معلوم في تفاح سكري من الزبداني، في خوخ وفي درّاق.
- ايه عال... لك قوم كول معي، شو باك؟!
- لك قلنالك ما بدي آكل... ما في شي، لك حل عنّي بقا... لك...
- أنا بعرفك في شي انت وخطيبتك سعدى.
- لك عافاك يا شاطر. قال شو؟ بدها عرس فيه ١٠٠ شخص معزوم، والاّ ما بتتزوجني... وأنا ما فييّ ادفع، شو ١٠٠ شخص، وبدها تروح تقضي شهر العسل باليونان... باليونان؟ غالي كتير، ما فيه. قلتلها، في أوتيلات ببلودان، في بالشام، في بشتورة... بس باليونان؟ ما فيها تتسلى الاّ باليونان؟ شو هالحكي؟ امها قالتلها.
- بتسمع مني سمير؟

- شو؟
- بلا جازة، وبلا وجع راس. قلها ما فيك تتزوج.
- قولك؟
- ايه بدها قولك. تضرب هيي وامها.
- وأنت القايل، يا عيني عليك.... قوم قوم...
- لوين قوم؟
- قوم لينا نآكل.
- هلق صار فيك تاكل؟
- هلق صار فيي آكل؟
- لك بعد هالقصة أنا ما عاد فيني، حل عني انت وهيي وأمها... والأكل كمان...
- شيه!!!!!

## الوحدة السابعة

# وين بيصير البيت؟

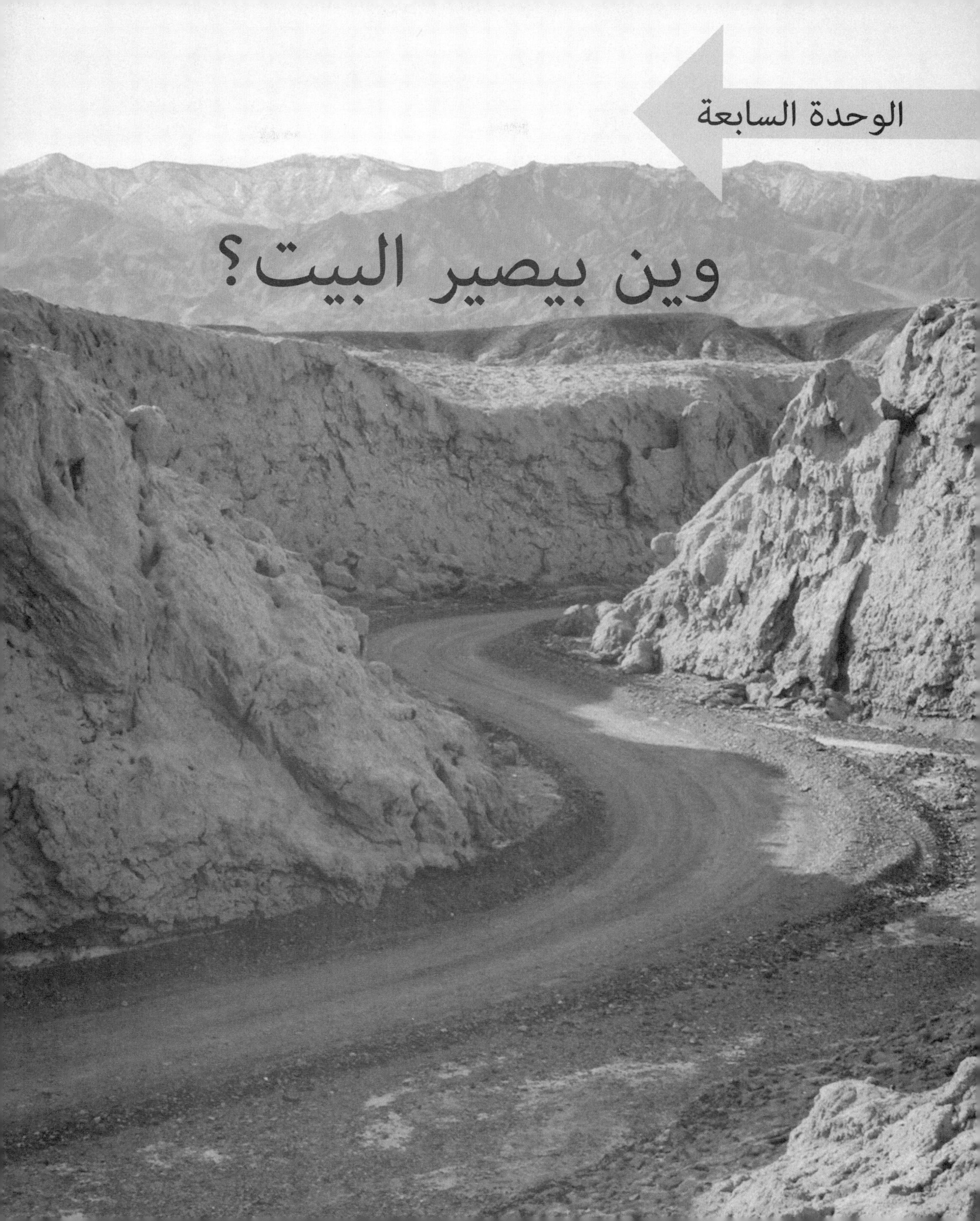

# وين بيصير البيت؟

## Objectives

- Giving directions.
- Imperative for directions.
- Identifying geographical locations.
- Adverbs.

## قبل الاستماع

١. أيّا طريق بتاخد تتجي (تروح) على المدرسة؟

٢. شو اسم المطعم يلّي بتحب تاكل فيه؟ كيف بتروح عليه (علاي، علَي) من الجامعة؟

٣. ملك مين (مين بيملك) البيت يلّي ساكن فيه؟

## Situation 1

### بعد الإستماع - شو فهمنا؟

**التمرين ١**

**استمع إلى النص وأجب عن الأسئلة الآتية:**

**أ) ضع إشارة (✓) أو (x) أمام العبارات الآتية:**

١. بركة القرعون عيمين مزرعة الدجاج. ☐

٢. السبع عيون هيي قهوة صغيرة. ☐

٣. النزلة الطويلة بتطل عالبركة. ☐

٤. المزارع بيحكي انكليزي. ☐

**ب) اختر الإجابة الصحيحة مما يلي:**

١. كيف لازم السايح يروح تيوصل عمزرعة الدجاج؟ ________.

أ) دغري (عمل).

ب) ياخد أول يمين.

ج) لازم يسوق عطريق تراب.

د) يفرق علشمال.

٢. أيمتى بيطلع السايح بالطلعة الصغيرة؟ ________.

أ) بعد النزلة الطويلة.

ب) حد قهوة السبع عيون.

ج) بعد الجسر.

د) بعد ما*يوصل على النهر.

٣. أيمتى بيطل السايح على البركة؟ ________.

أ) على أول كوع.

ب) بعد ما يخلص من الطلعة.

ج) لـمّا بينزل بالنزلة.

د) أول ما يوصل (يصل) على الجسر.

٤. كيف لازم السايح يروح بعد ما يقطع النهر؟ ———————.

أ) لازم يفرق شمال.

ب) لازم يروح دغري، جالس، قدّامو.

ج) لازم يقطع جسر تاني.

د) لازم يبرم علشمال.

ج) نشاط محادثة بالعربية المحكية

1. Please give directions on how to get to your house/ apartment from the classroom.
2. Please choose a nearby landmark that you like to visit and explain to a friend how to get to it.

د) استمع إلى النص وارسم خارطة (خريطة) للطريق يلّي رح ياخدها السايح تيوصل على بركة القرعون.

(Start with an imaginary field where he and his wife meet the farmer.)

## Situation 2

التمرين ٢

استمع إلى النص وأجب عن الأسئلة الآتية:

أ) 
١. ملك مين البناية يلَي بدو يروح الها (يرحلها) السايح؟
٢. شو في بالشارع يلّي خلف المدرسة؟
٣. كيف هيّي (كيفي) التصوينة يلّ قدّام البناية؟

ب) استمع إلى النص وارسم خارطة (خريطة) للطريق من الساحة لبناية السروجي.

# Cultural notes

◀ الساحة

This word means "public square". All towns, villages, and city neighborhoods in the Levant and in Europe have a public square. Around the public square are usually important shops and landmarks. It is usually used as a point of reference in giving directions, since many streets and roads emanate from الساحة. Sometimes one may find a statue or other edifice marking important events or personalities from the town's history. Gossip, town news, and important events happen in this public square.

Figuratively speaking, when someone says بينزل على الساحة it means "go down into the arena for a challenge" referring to the old days when challenges, duals, and major fights occurred in the public square. One of the common sayings in the Levant, القبضاي ينزل على الساحة, means "may the mighty one dare to accept the challenge".

◀ مِلك

In towns like Beirut and Damascus, roads are marked with addresses, but since symmetry in city planning may be lacking, one has to rely on oral directions to arrive at specific addresses. Addresses are usually known by the name of the owner of the building or the house: ملك. This also applies to smaller towns and villages. The building owner's name is also written as part of the mailing adress. One may see an address looking like this:

الأستاذ وديع المتني المحترم

شارع ساسين – ملك عادل برباري – الطابق التاني

الأشرفية – بيروت – لبنان

## تدريب القواعد

أول ما، بعد ما، قبل ما

The trick here is to understand ما as a relative pronoun. So the meaning is "as soon as" (first thing after), "after that", and "before that".

I ate before I studied.     أكلت قبل ما درست.

Call us after you speak to her. اتصل فينا بعد ما تحكي معها.
There is a café overlooking the river as soon as you cross the bridge.
أول ما تقطع الطريق، في قهوة بتطل علنهر.

## Conjugation of some imperative direction verbs

Please note that we eliminate the beginning ء from the imperative (few regions in the Levant keep it). The first letter has a sukun; thus the first short vowel falls on the second letter. Variation in this vowel reflects regional differences (dialect) in pronouncing these verbs. For example, some people say نزُل "nzul" for *go down;* others say (نزال) نزَل "nzal"; others say نزِل(نزيل) "nzel".

| Go up | Go down | Stop | Cross | Take | Turn |
|---|---|---|---|---|---|
| طلع | نزل | وقّف | قطع | خد | برم |
| طلعي | نزلي | وقّفي | قطعي | خدي | برمي |
| طلعوا | نزلوا | وقّفوا | قطعوا | خدوا | برموا |

## Adverbs revisited from Classical Arabic

### ▶ A funny passage on adverbs

هيي: بتعرف حبيبي، إنت واحد كذاب (liar)

هوي: ليش؟

هيي: رح قلّك ليش. جيت على البيت مبارح ودغري طلعت على الطابق التاني، وقوام فت على الحمام تتغير تيابك. فجأة سمعتك عمبتغنّي متل العريس (groom) ليلة عرسو (wedding)، وحضرتك ما بتغني منيح أبدا، وين كنت يالله قول بسرعة، شو كنت عندها ولاّ (or) وين؟

هيي: أبدا، هيدا الحكي مش مضبوط.

Most Classical Arabic adverbs can be used in Levantine Arabic. Instead of finding grammatical justifications for adverbial usage, you should be able to recognize most of the adverbs from the list below. The ones that you don't recognize are probably pure colloquial adverbs and should be memorized.

**a) Some adverbs with التنوين**

| | | | | | |
|---|---|---|---|---|---|
| At first | أولاً | For example | مثلاً | Of course | طبعًا |
| Never | أبدًا | Almost | تقريبًا | Usually | عادةً |
| Always | دايمًا، على طول | Especially | خاصةً | Temporarily | موقتًا |
| Suddenly | فجأةً، قوام | Directly | رأساً، دغري، قوام، فوراً | | |
| Basically, originally | أصلًا | Indeed | طبعًا، بالتأكيد، أكيد، فعلًا، بالفعل | | |

**b) Some adverbs using بـ (possibilities are many)**

Quickly بسرعة

Quietly بهدوء، على السكت

Gently (with good manners) بلطافة

Easily بسهولة

Frankly بالصراحة

**c) Miscellaneous widely used adverbs:**

Too much, a lot, too many: كتير

Correctly: صح، مظبوط

Well: منيح

Quickly: قوام

Exactly, perfect: تمام

Little: شوي

Slowly: على مهل

Together: سوى

Thus: هيك

On the contrary: بالعكس

More, also: كمان

Now: هلّق

Freely (for free): ببلاش

Always (continuously): على طول

## Exercise 3

Please express the following in Levantine Arabic:

1. Of course, I can come to see you (fem.) (To see: شاف)
2. I do not know them at all.

3. She speaks very quickly.
4. He could easily understand.
5. Are you (masc.) here also?
6. Indeed, their house is beautiful.

## المصطلحات اللغوية

◂ وين بيصير؟

This expression means "Where is?" (a geographical location). The answer could contain the same verb, for example: البحرة صارت قدّامك, "the lake is in front of you now". This concept of "now" derives from the fact that things are happening and real. Thus, one should literally pay attention from now on to صار, which replaces أصبح (to become). صار also means "to happen", for example: شو صار "what happened?"

Blood doesn't become water (to praise someone's origin and pedigree)
الدم ما بيصير ماي.

Because of water mismanagement, this country has become a desert.
بسبب سوء الإدارة صار هلبلد صحرا

What happened to you (masc.)?
شو صرلَك؟

Where is the Srouji building?
وين بتصير بناية السروجي؟

◂ كيف بيروحوا عَـ...؟

Used in asking directions, this expression means "How to get to...?" It could also be stated as: من وين بيروحوا عَـ....؟

◂ مية أهلين

This phrase is a reply to شكرا. It is used to express an eagerness to help or to be hospitable and polite. It is equivalent to "You are most welcome". It literally means a "hundred welcomes". Some people may consider it too much of a slang expression and may opt to use the simple reply of أهلين or أهلا وسهلا.

## Exercise 4

Please express the following in Levantine Arabic:

1. There is a car in front of the iron (حديد) door.
2. Can you (fem.) please tell me how to get to Baalbeck?
3. Where are the relics (آثار) of Baalbeck?
4. Where is the closest restaurant?
5. How can I get to Hamra Street?
6. There is a school before you arrive at the property of Mr. Qabbani.
7. Make (masc.) a left turn after you cross the bridge, then (بعدين) go straight.
8. Take (plural) the first right turn after the stone fence.
9. At the end of that downhill road there is a dirt road. Take it (masc.).
10. Go up (fem.) the little hill, then go down the other side.

## المفردات

| عامية | فصحى | إنكليزية |
|---|---|---|
| من فضلك، وحياتك | من فضلك | Please |
| بحرة | بحرة | Lake (a small one), reservoir |
| شي | حوالي | About (approximately) |
| حد | بالقرب | Near |
| خود، خدي، خدوا | خذ، خذي، خذوا | Take |
| كوع | منعطَف | A turn on the road |
| طلعة | طلعة | Uphill road |
| نزلة | نزلة | Downhill road |
| خلّيك، خلّيكِ، خلّيكن | إبقَ، إبقي، إبقوا | Stay on, keep on |
| قطع | عبر | To cross (a bridge) |
| دغري | جالس | Straight |

| | | |
|---|---|---|
| Turn, fork in the road, branch of the road | مفرق | مفرق |
| Make a turn | انعطف، انعطفي، انعطفوا | فروق، فرقي، فرقوا<br>بروم، برمي، برموا |
| In front of | أمام | قدّام |
| Behind | وراء، خلف | ورا، خلف |
| Property of | ملك ... | ملك ... |
| Public square | ساحة | ساحة |
| Fence (wall) | تصوينة | تصوينة |
| Shrubbery, hedges | سياج | سياج |
| Facing | مقابل | مقابيل، قبال، قبالة |
| Building | بناية | بناية |
| Street | شارع | شارع |

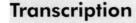

## Transcription

### Situation 1

السائح (يقود سيارته مع زوجته في الريف): مرحبا يا أخ.

المزارع: أهلا.

السائح: وحياتك وين بتصير بركة القرعون؟

المزارع: عفوا ما سمعتك. شو قلت؟

السائح: من فضلك كيف بيروحوا على بحرة القرعون؟

المزارع: ايبه، سد القرعون. روح دغري شي كيلومترين، حد مزرعة الدجاج، خود طريق تراب، وبعدين خود أول كوع على الشمال. هونيك في قهوة صغيرة اسمها السبع عيون، على يمين القهوة بتطلع بطلعة صغيرة وبعدها في نزلة طويلة بتطل على البركة. خليك رايح دغري تتقطع جسر صغير فوق النهر، بعد الجسر بروم على اليمين وخليك رايح نزول تتوصل على أول مفرق على الشمال. فروق على الشمال وبعد شي خمسين متر بروم على اليمين: البحرة صارت قدّامك.

السائح لمرتو (بتعجب لمرتو):

And you thought, Honey, Americans gave bad and complicated directions?!

المزارع ( بالانكليزي):. These are not bad directions, just bear with me.

السائح (بتعجب أكثر): I don't believe it!!!

## Situation 2

السائح: مرحبا.

البائع: أهلا أمور.

السائح: بناية السروجي وحياتك وين بتصير؟

البائع: ملك منير السروجي؟

السائح: نعم.

البائع: طلاع من هون على الساحة، خود أول شارع عليمين، بعد المحل التالت علشمال في مدرسة، روح علشارع يلي خلف المدرسة، في بناية تلات طوابق قدامها تصوينة حجر. هايدي ياها، بناية السروجي.

السائح: شكرا.

البائع: مية أهلين.

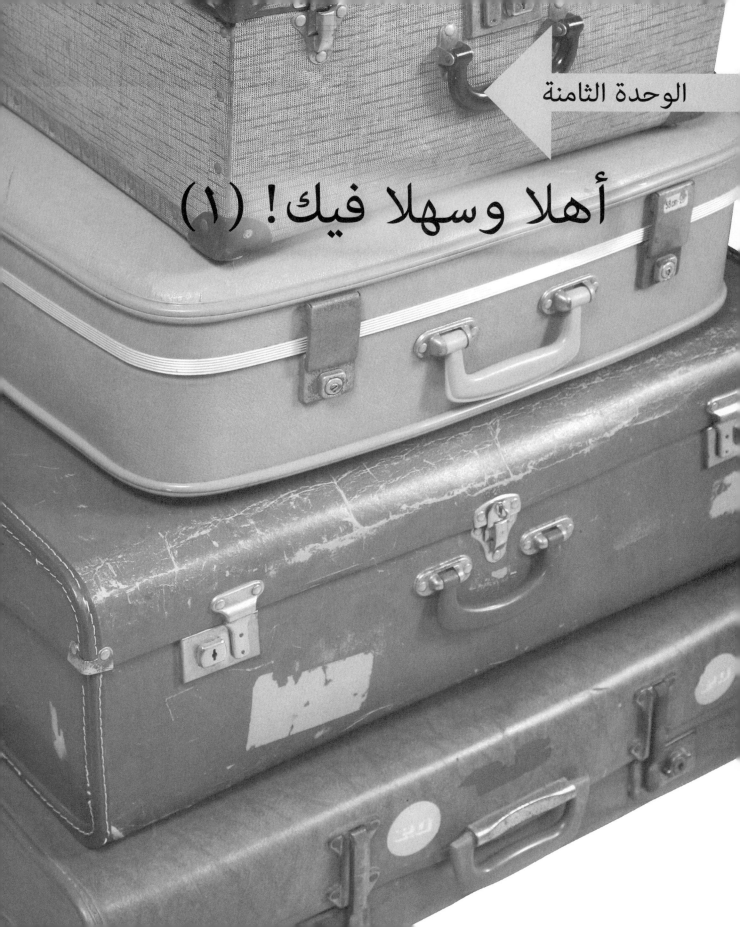

الوحدة الثامنة

# أهلا وسهلا فيك! (١)

# أهلا وسهلا فيك! (١)

## Objectives

- Customs and airports.
- Travel concerns.

## قبل الاستماع

١. عأيّا مطار سافرت آخر مرّة؟

٢. ليش سافرت هونيك؟ قديش بقيت (ضلّيت، قعدت)؟

## بعد الإستماع - شو فهمنا؟

**التمرين ١**

استمع إلى النص وأجب عن الأسئلة الآتية:

أ) ضع إشارة (✓) أو (x) أمام العبارات الآتية:

١. جنسية (nationality) السايح أميركانية. ☐
٢. ما مَعو ولا (any) هدية. ☐
٣. مش رح يبقى السايح بالأوتيل. ☐
٤. العتّال مش لازم ياخد أكتر من ١٠٠٠ ليرة. ☐

ب) اختر الإجابة الصحيحة مما يلي:

١. كيف عرف موظف الجمارك جنسية السايح؟ ________.
   أ) من الباسبور (جواز السفر).
   ب) عرف من شكلو.
   ج) من الدولارات يلّي معو.
   د) سألو شو جنسيتو قبل ما أخد مِنّو الباسبور.

٢. قديش بدو يقعد هيدا السايح ببيروت؟ ________.
   أ) مش عارف بعد.
   ب) رح يضل (يبقى) شي شهر زمان.
   ج) بدو يقعد أسبوعين بس.
   د) رح يقعد شهرين.

٣. لشو جايي السايح عبيروت؟ ________.
   أ) لأنو (لأنّه) عندو شغل.
   ب) جايي بشغل وسياحة.
   ج) إجا مرقة طريق (pass by).
   د) ما منعرف.

٤. بشو صرّح السايح؟ ـــــــــــــ.

أ)   صرّح بهدية لصاحبو.

ب)   صرّح بمصاري (مال).

ج)   بالمصاري وبهدية بصاحبو.

د)   ما صرّح بشي.

ج)   املأ الفراغات الآتية بالكلمات المناسبة:

١. حبيبي ما ـــــــــــــ الغارسون أكتر من ١٠٠٠ ليرة.

٢. لازم الواحد ـــــــــــــ بالشام أكتر من شهرين تيتعلم (ليتعلم) اللغة منيح.

٣. بنتي خِلقت (ولدت) بأميركا، يعني معا (معها) ـــــــــــــ أميركية.

٤. يلّي بدّو يسافر، لازملو (من اللازم أن يكون له) ـــــــــــــ.

د)   أجب على الأسئلة التالية:

١. أيمتى أخدت باسبورك؟

٢. لوين رح تسافر (تسافري) مرّة الجاي؟

## تدريب القواعد

### مش – ما – مو

These three words meaning "not", are interchangeable, depending on the dialect used. مش is used in large portions of Lebanon, inner Syria, and Palestine, while ما and مو are used in some cities like Damascus and Beirut.

### بقي – قعد – ضل

The meaning "to stay" is expressed in Levantine Arabic by any of these three verbs:

رح إبقى شهر زمان

رح إقعد شهر زمان

رح ضل شهر زمان

The verb قعد means "to sit" or "to stay"; the verb ضل is from Classical Arabic ظلّ. The precedent for writing ض instead of ظ, as in its classical Arabic form, is found in all Levantine Arabic literary masterpieces, especially the work of Michel Trad, the Rahbani brothers and Said Akl.

وَلا

"Not any."

### Example:

Not one person was willing (wanting) to help us.

ما كان ولا حدا (أحد) بدو يساعدنا

## المصطلحات اللغوية

◄ شي _____ زمان

The blank here could be filled with any time period. For example:

شي دقيقة زمان، شي ساعة زمان، شي شهر زمان

It means "about (approximately) one minute", "about one hour, about one month".

## Exercise 2

Please express the following in Levantine Arabic:

1. I shall stay in Ramallah for about one month.
2. The doctor will be with us in about five minutes.
3. The experience in customs was not very good. We were inside for about two or three hours.
4. She told them that she is visiting a friend in Beirut; she declared two presents; she signed a paper; then (بعدين) she was outside in less than half hour.
5. I don't know, but this passport is not mine.
6. We had just arrived at the airport when my friend Samer said that the present (which) he had bought for his girlfriend was not with him.
7. There is not one porter in this airport, and I cannot carry (حمل) everything alone.

## المفردات

| إنكليزية | فصحى | عامية |
|---|---|---|
| Customs | جمارك | جمارك |
| Passport | جواز سفر، ج. جوازات سفر | باسبور، جواز سفر، ج. جوازات |
| To declare | صرّح | صرّح |
| Friend | صاحب، ج. أصحاب | صاحب، ج. أصحاب |
| Value | قيمة، ج. قِيَم | قيمة، ج. قِيَم |
| To stay | بقي، ظلّ | قعد، بقي، ضل |
| Or | أو | ولاّ، أو |
| To sign | مضى، وقّع | مضى |
| Porter | عتّال | عتّال |
| Information | إستعلامات | إستعلامات |

## Transcription

موظف الجمارك: مرحبا... أميركاني؟

السائح: نعم.

الموظف: جواز السفر وحياتك.

السائح: تفضل...

الموظف: أهلا وسهلا... بتحب تصرّح بشي؟

السائح: نعم. معي كاش ٥٠٠ دولار وهديتين لصحابي.

الموظف: قديش القيمة؟

السائح: الهدايا؟

الموظف: نعم.

السائح: ٥٠٠ دولار كمان.

الموظف: قديش بدك تقعد بلبنان؟

السائح: شي شهر زمان.

الموظف: وين بدك تبقى؟

السائح: رح إبقى بالأوتيل.

الموظف: رح تضل بالأوتيل، أوكي... جايي هون سياحة ولاّ بشغل؟

السائح: التنين.

الموظف: مين في عندك بلبنان؟

السائح: عندي صحاب كتير وفي مكتب لشركتي.

الموظف: امضيلي هون وحياتك.

(بعد الامضاء) أهلا وسهلا. وانتبه م اتعطي العتّال أكتر من ١٠٠٠ ليرة.

(بعد الخروج من الجمارك)

السائح: يا أخ وحياتك وين بتصير الاستعلامات؟

الشرطي: هونيك على ايدك الشمال.

السائح: ممنونك.

الشرطي: تكرم عينك

الوحدة التاسعة

# أهلا وسهلا فيك! (٢)

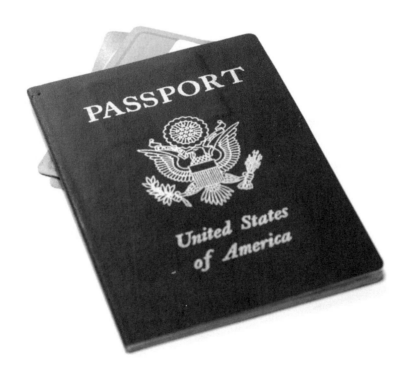

# أهلا وسهلا فيك! (٢)

## Objectives

- Customs and airports.
- Travel concerns.

## قبل الاستماع

١. برأيك، ليش السوق الحرة أرخص من السوق العادية (regular)؟

٢. بقديش اليورو اليوم؟ (Use your computer to find out.)

## بعد الإستماع – شو فهمنا؟

### التمرين ١

استمع إلى النص وأجب عن الأسئلة الآتية:

أ)    ضع إشارة (✓) أو (✗) أمام العبارات الآتية:

١.    السايح رح ينزل بفندق الهلتن. ☐

٢.    التاكسي يلّي رح ياخد السايح علأوتيل بدّو منّو
       (منه) ٣٠٠٠٠ لبناني. ☐

٣.    ما فيه السايح يستأجر خليوي بالمطار. ☐

٤.    ما في مكتب صرافة حد السوق الحرّة. ☐

ب)    اختر الإجابة الصحيحة مما يلي:

١.    من وين إجا السايح؟ ـــــــــــــ.

       أ)  إجا من بيروت.

       ب)  وصل من الشام.

       ج)  بعدو (بعده) واصل من المطار.

       د)  إجا من أثينا.

٢.    بمين رح يتصل؟ ـــــــــــــ.

       أ)  رح يتصل بالجمارك.

       ب)  بدّو يتصل بالإستعلامات.

       ج)  بيريد يتصل بالصرّاف.

       د)  بدّو يتصل برفيقو.

٣.    عن شو سأل الإستعلامات؟ ـــــــــــــ.

       أ)  سألن (سألهن) عن الحمّامات.

       ب)  سألن عن الصرّاف.

       ج)  سأل الإستعلامات عن التلفون.

د) عن التلاتة كلّن (كلهن).

٤. وين بيصير مكتب الصرافة؟ ________.

أ) على الشمال حد السوق الحرّة.

ب) عليمين حد السوق الحرّة.

ج) جوّا السوق الحرّة.

د) حد التليفونات.

## ج) املأ الفراغات الآتية بالكلمات المناسبة:

١. السايح فيه ________ خلوي من مكتب التلفون الجوال.

٢. نحنا بالطابق الأول، تتوصل للتلفون، خود أول شمال بعدين ________ علطابق التاني.

٣. بدي ________ ٧٥٠$ للبناني.

٤. ما معي ولا هدي.

## د) أجب على الأسئلة التالية:

١. بقديش الدولار اليوم؟

٢. شو منشتري عادةً من السوق الحرّة؟

## المصطلحات اللغوية

- قديش بيطلعلك؟

"How much do you get?" Here the verb طلع (to go up or out) is used to express a result achieved.

**Example:**

Reagan got more votes than Carter. .ريغان طلعلو (طلع له) أصوات أكتر من كارتر

- اتكلنا على الله

"We relied on God."

## Exercise 2

Please express the following in Levantine Arabic:

1. What can I buy from the duty free market?
2. You (fem.) can take a taxi from in front of the hotel.
3. Rely (masc.) on God and go on that trip.
4. I forgot my cell phone (mobile) at the exchange office.
5. How much did you (masc.) get from your uncle's (maternal) inheritance? ورثة

### المفردات

| إنكليزية | فصحى | عامية |
|---|---|---|
| Information | استعلامات | استعلامات |
| To rent | اسنأجر | استأجر |
| Cell phone, mobile | خليوي، جوال | خليوي، جوال |
| Stairs | درج | درج |
| Change office (currency exchange) | مكتب الصرافة، صرّاف، مكتب العمولات | مكتب الصرافة، صرّاف |

## Transcription

الاستعلامات

السائح: مرحبا.

موظفة الاستعلامات: أهلا.

السائح: وحياتِك, بعدني واصل من أثينا وبدي اتصل برفيقي وما بعرف وين التلفون.

*Please (by your life)* *Phone*

الموظفة: هونيك عليمين. فيك كمان تستأجر خليوي من مكتب التلفون الجوال.

*cell*

السائح: وين بيصير المكتب.

الموظفة: طلاع من هون. خود شمالك, وبعدين طلاع على الطابق التاني. المكتب التالت علشمال.

السائح: شكرا.

الموظفة: العفو.

السائح: قبل ما انسى, وين بيصيروا الحمّامات؟

الموظفة: هونيك خلف التيليفونات, نزال علدرج عايدك اليمين.

*descend*

السائح: والصرّاف؟

الموظفة: مكتب الصرافة, أول ما تطلع من الباب هيداك في مكتب صرافة على اليمين. حد السوق الحرّة.

*حدّها* *next to it*

*يمين ≠ مار* *right left*

BANGKOK
9737 BANGKOK 16:30
8636 BANGKOK 16:30
8614 BANGKOK 16:30
228 SINGAPORE 17:00
9775 SINGAPORE 17:00
7228 SINGAPORE 17:00
9 SINGAPORE LONDON 17:05
7309 SINGAPORE LONDON 17:05
8091 SINGAPORE LONDON 17:05
IDS AEROSOLS AND GELS RESTRICTIONS APPLY

(عند الصرّاف)

السائح: مرحبا.

الصرّاف: أهلا.

السائح: بقديش الدولار اليوم؟

الصرّاف: بـ ١٥٠٠ لبناني.

السائح: بدي صرّف ٧٤٠ دولار.

الصرّاف: أهلا وسهلا. على مهلك, بيطلعلك مليون ومية وعشرة آلاف ليرة.

السائح: طيب, عظيم.

(التاكسي)

السائح: من فضلك. فيك تاخدني على أوتيل بيروت؟

السائق: تكرم عينك. Sure = For your eyes

السائح: قديش بدّك مني؟

السائق: ٢٠ دولار أو ٣٠٠٠٠ ليرة لبناني.

السائح: يلاّ.

السائق: اتكلنا على الله.

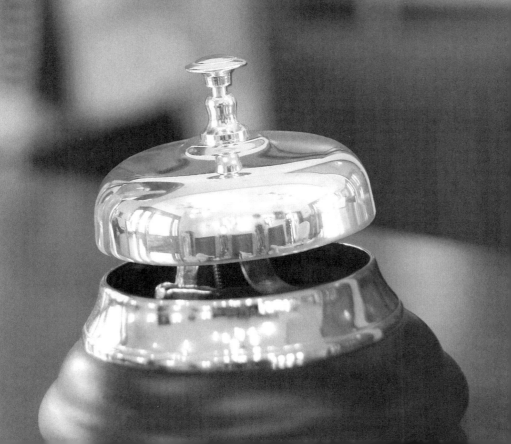

## الوحدة العاشرة

# عندي حجز

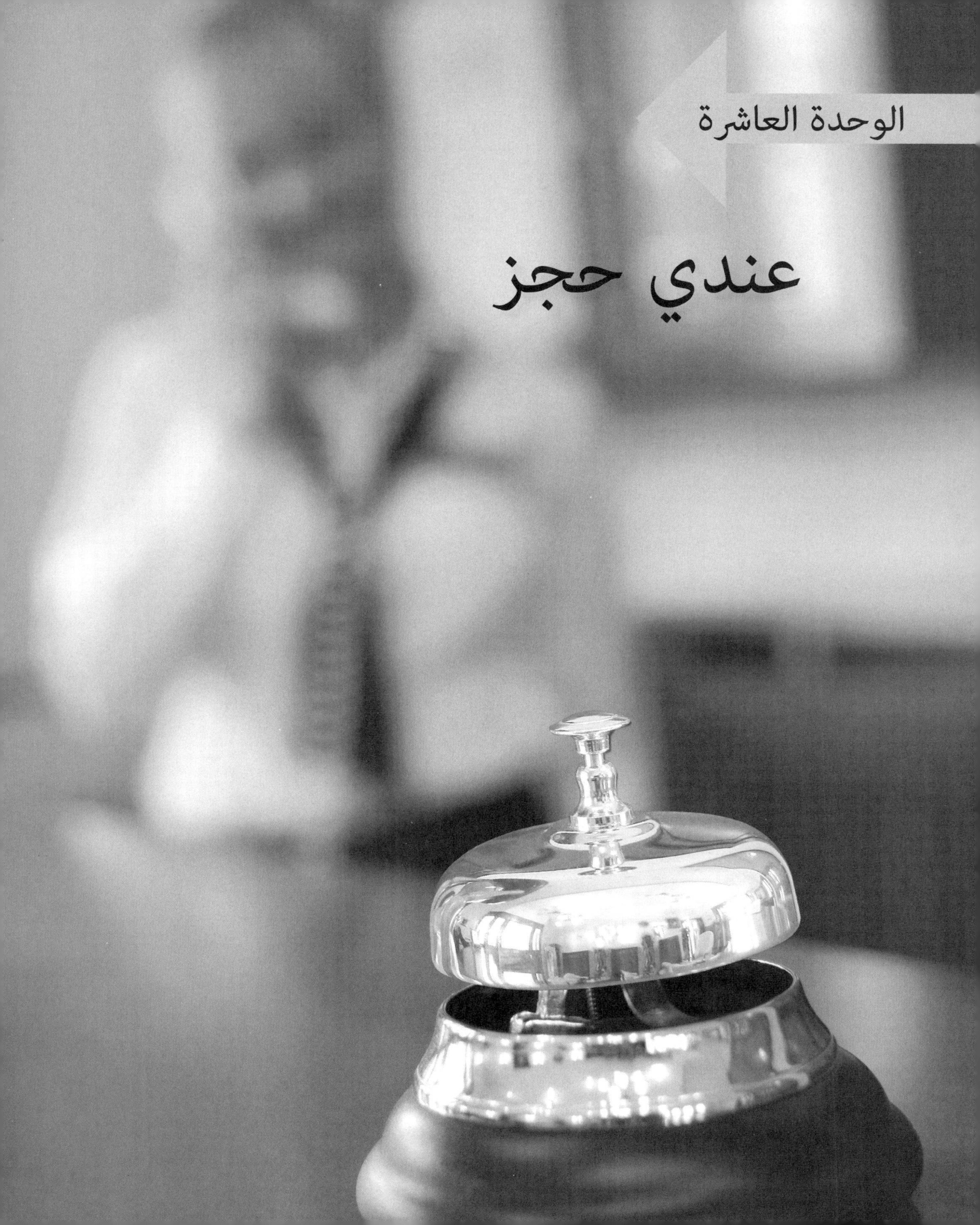

# عندي حجز

## Objectives

- Hotels and reservations.
- Negating with مش، ما، مو.

## قبل الاستماع

١. بأيا أوتيل قعدت آخر مرّة؟ وين بيصير؟
٢. ليش نزلت بهيدا الأوتيل؟
٣. كم مطعم كان في بالأوتيل؟ بأيّا طابق ضلّيت؟

## بعد الإستماع - شو فهمنا؟

### التمرين ١

استمع إلى النص وأجب عن الأسئلة الآتية:

أ) ضع إشارة (✓) أو (✗) أمام العبارات الآتية:

١. السايح عندو حجز درجة أولى. ☐
٢. الأوضة بتطل علجبل (على الجبل). ☐
٣. ما في إلاّ مطعم لبناني بالأوتيل. ☐
٤. لازم واحد يطلب رقم ٩ بعدين ٠٠١ للإتصالات الدولية. ☐

ب) اختر الإجابة الصحيحة مما يلي:

١. ليش تأخر السايح تَيوصل علأوتيل؟ ________.
أ) لأنّو ما معو باسبور.
ب) ما كان في طيارة جاهزة.
ج) لأنّو تأخرت الطيارة.
د) بسبب مرتو.

٢. قديش رح يقعد مستر سميث بالأوتيل؟ ________.
أ) للتلاتا الصبح.
ب) مش عارف بعد.
ج) رح يضل أسبوع واحد.
د) بدو يبقى ٤ أيام.

٣. الترويقة غالية شي؟ ________.
أ) نعم، بتكلف ٢٠٠ دولار.
ب) ما منعرف.
ج) شوي، لأنّا بتكلف ٢٣٤ دولار.
د) لأ، ما بتكلف شي لأنّا علأوتيل.

٤. شو فيه مستر سميث يعمل بالطابق التاني؟ ـــــــــــــ .

أ) فيه ينام بأوضتو.

ب) فيه ياكل بمطعم ياباني.

ج) فيه يرقص بنايت كلب.

د) فيه ياخد كاس (drink).

٥. بأيّا ساعة فيه مستر سميث يرقص؟ ـــــــــــــ .

أ) حيّالله ساعة.

ب) ما فيه يرقص بالأوتيل.

ج) عشيّة بس.

د) بعد الظهر.

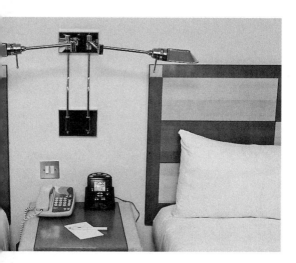

٦. وين بيصير دليل التلفون؟ ـــــــــــــ .

أ) بالجارور حد التخت.

ب) فوق الطاولة.

ج) ما في دليل تلفون لازم يتصل بالكونسييرج.

د) باللوبي بار.

٧. رح يكون مستر سميث بحاجة للـ room service شي؟ ـــــــــــــ .

أ) لأ، لأنّو ما بيحب أكل الأوتيلات.

ب) لأ، لأنّو المطبخ مش فاتح عشيّة.

ج) نعم، أيّا ساعة يلّي بدو.

د) لأ، أغلب الأوقات رح ياكل برّا.

٨. شو طلب مستر سميث من الكونسييرج يعمل عبكرا بكّير؟ ـــــــــــــ .

أ) طلب منّو يوعّي لأنّو عندو اجتماع.

ب) طلب منّو يطلبلو ترويقة (فطور) على الأوضة.

ج) طلب منّو ينضف الأوضة لأنّا موسخة.

د) ما طلب منّو شي.

ج) املأ الفراغات الآتية بالكلمات المناسبة:

١.   صار عندي أوضة _____ ولازم أعزم (أدعو) كل صحابي (أصدقائي) على الغدا.

٢.   الطيّارة يلّي جايي من باريس رح _____ شوي بسبب الطقس.

٣.   من فضلك كونسييرج فيك _____ الساعة خمسة بكرا الصبح.  عندي اجتماع.

٤.   يا إبني لازم _____ أوضتك قبل ما تجي إمّك وتشوفها.

د)   أجب على السؤال التالي:

- عشو (على شو) كانت بتطل الأوضة بالأوتيل يلّي نزلت فيه آخر مرّة؟

## Cultural notes

In old grand hotels there were no restaurants, only dining rooms that opened during specific hours. Such a place was called السفرة (see below). The patrons of the hotel were regulars and seasonal (for theatre, skiing, summer, etc.), and they were remembered by the chef from year to year. He knew what they liked to eat and where they liked to sit. Theatre and opera stars, families, and public figures all frequented this type of hotel. Elegant affairs, balls, and tea dances all took place in these hotels/palaces and their gardens. In the Middle East there were few hotels of this type; they included the Grand Hotel Sofar (أوتيل صوفر الكبير) in Lebanon; the Grand Hotel Kadri (أوتيل قادري الكبير) in Zahle, Lebanon; the Grand Hotel Odeh (أوتيل عودة الكبير) in Ramallah, Palestine; and the Baron Hotel (أوتيل بارون) in Aleppo, Arab Syrian Republic. These hotels usually were palaces that served as homes for their owners as well as hotels.

The السفرة with its haute cuisine unfortunately disappeared and was replaced by trendy restaurants serving trendy foods for a passerby clientele and patrons in town on business. السفرة is kept in this passage for cultural reasons.

## المصطلحات اللغوية

◀ على الوقت

This expression means "on time".
The plane arrived on time.    وصلت الطيارة على الوقت.

◀ الحمدلله عسلامة

This is an expression meaning "thank God you are OK". It is usually said to someone after he/she has come back from a long voyage, or walked away unharmed from an accident. The answer is always الله يسلمك

◀ علينا

As in English, this expression means "it's on us" ,or "my (our) treat". In this passage, it means that breakfast is included, courtesy of the hotel, as the concierge indicates.

◀ السفرة

This word means "an elegant dining room". It also means "the dining room" in Arabic architectural terminology.

◀ ختيَرنا

"We have grown old". "We are old now". This expression is usually used by someone who is frustrated because he/she cannot any longer do the things he/she used to do in youth. It is always conjugated in the first person plural (we).

إنت التاني

This expression of familiarity is used when mildly upset with a friend.

◀ بس بقى

"Enough already".

◀ عمول معروف

"Do a favor". It means "please". The first part of it is imperative and should be conjugated عملي معروف (fem.), عملوا معروف (plural).

◀ **طلاع لبرّا**

"Go (masc.) outside". طلعي لبرّا (fem.), طلعوا لبرّا (plural).

◀ **فوت لجوّا**

"Go (masc.) inside". فوتي لجوّا (fem.), فوتوا لجوّا (plural)

## Exercise 2

Please express the following in Levantine Arabic:

1.  I would like to stay till Wednesday morning.
2.  After I finish my meeting, I would like to go down to the dining room.
3.  Enough already, we are eating now; you (masc.) cannot talk like this.
4.  I was so upset—thank God you are (fem.) all right.
5.  This car is not comfortable; the trip was too long.
6.  Please, can you tell the guide who took us to Baalbek last time that we will be coming again next Wednesday?
7.  Most of the time he was able to eat outside.
8.  Can you (fem.) call a taxi for me please? I will be in my room for the next 20 minutes.
9.  The bed is comfortable and clean, but the room overlooks a bad neighborhood (حي).
10. The international calls from this hotel are too expensive. Can you (plural) call from your company office?
11. It is too cold outside. Please get (plural) inside.
12. Can you (masc.) please clean my room; it is a little dirty.
13. He got old and died, but thank God he did not suffer.
14. Is there a paper in the right drawer?

## المفردات

| عامية | فصحى | إنكليزية |
|---|---|---|
| حجز | حجز، ج. حجوزات | Reservation |
| أوضة، أوَض | غرفة، ج. غرف | Room |
| درجة | درجة | Class (in a hotel, e.g. first class ) |
| نطر | انتظر | To wait |
| سَفرة | سَفرة | A trip |
| تعذب | تعذب | To suffer, to be tortured |
| مُريح | مُريح | Comfortable |
| طلّ | طلّ | To overlook |
| كلّف | كلّف | To cost |
| سُفرة | سُفرة | Dining room |
| برّا | خارج | Outside |
| جوّا | داخل | Inside |
| ختيَر، كِبِر | كَبُر | To grow old |
| حكي | حكي | Talk |
| دليل | دليل | Guide |
| جارور | جارور | Drawer |
| أغلب | أغلب، معظم | Most of… |
| نضّف | نظّف | To clean |

## Transcription

الكونسييرج: مرحبا استاذ وأهلا فيك بأوتيل بيروت.

السائح: من فضلك عندي حجز لأوضة لالي ولمرتي درجة أولى. توم ونانسي سميث. هاودي (هادول) الباسبورين (الجوازين).

الكونسييرج: تكرم عينك استاذ. كنّا ناطرينك. انشالله ما تعذبت بالرحلة...

السائح: لا الحمدالله، اتأخرت الطيارة شوي وما كانت على الوقت، بس السفرة كانت مريحة (ربيحة)...

الكونسييرج الحمدالله عسلامة.

السائح: الله يسلمك.

الكونسييرج: (هويي و عمبيقرا قدامو): هايدي ياها، الأوضة يلّي بتطل على البحر رقمها ٢٣٤. لأيمتى رح تضل عندنا استاذ سميث؟

السائح: للتنين، رح نترك التلاتا الصبح. قديش بتكلف بالليلة؟

الكونسييرج: ٢٠٠ دولار، الترويقة (الفطور) علينا السفرة بتفتح على الغدا وعلى العشا، وفي اذا بتحب مطعم ياباني بالاوتيل بالطابق التاني، ولوبي بار على اليمين هونيك، ونايت كلب اذا بتحبوا ترقصوا...

السائح (يضحك): ايه ختيرنا...

مرتو: ايه شو هالحكي انت التاني، بس بقى.

السائح: طيب ايّا ساعة بيفتح...

الكونسييرج: الساعة عشرة المسا وبيضل فاتح للتلاتة الصبح. وفي كمان مسبح وملعب تنس خلف الأوتيل.

السائح: عظيم. الاتصالات الدولية مأمنة؟

الكونسييرج: طبعا. اطلب رقم ٩، بعدين ٠٠١، رقم الدولة والرقم، وفي دليل بالجارور حد

التخت، والمطبخ (room service) فاتح ٢٤ ساعة على ٢٤.

السائح: مش مهم، أغلب الأوقات رح ناكل برّا.

الكونسييرج: امضيلي هون وحياتك.

السائح (بعد المضاء): عمول معروف فيك توعّيني (تفيقني) الساعة ٦ الصبح عبكرا بكير؟

عندي اجتماع. واذا فيك تطلبلي تاكسي عمول معروف.

الكونسييرج: تكرم عينك، ايّا ساعة بتحب ننضف الأوضة؟

السائح: اسأل مرتي.

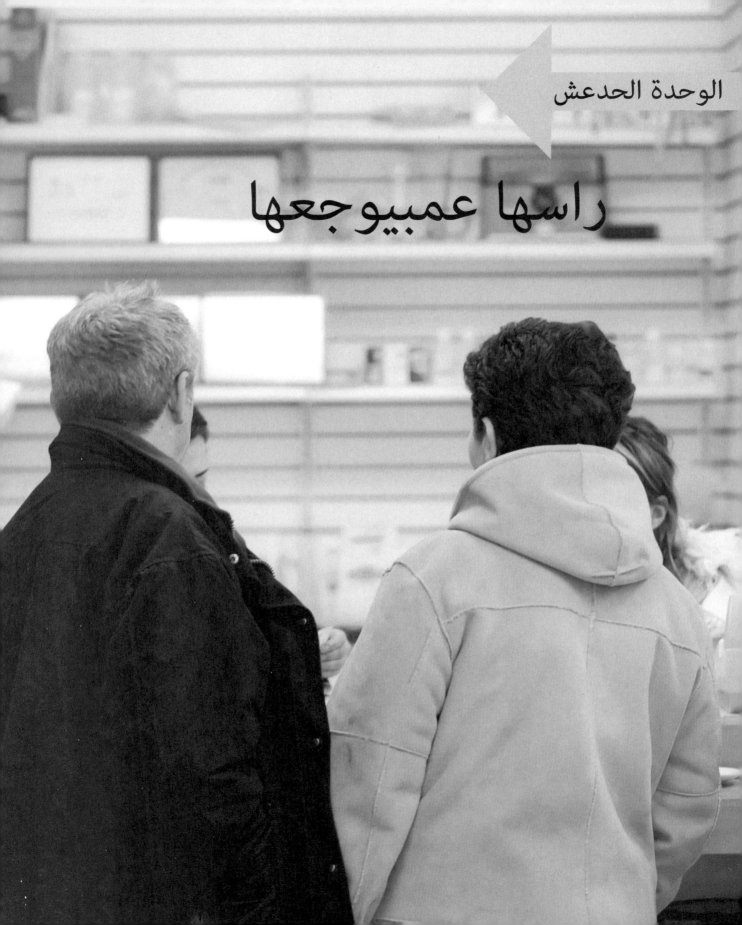

## الوحدة الحدعش

# راسها عمبيوجعها

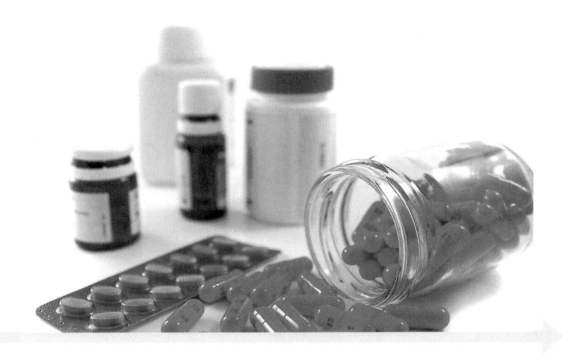

# راسها عمبيوجعها

## Objectives

- At the pharmacy.
- Pain and body parts.

## قبل الاستماع

١. أيمتا أخدت حبوب أسبرين آخر مرّة؟ ليش؟
٢. وين بتصير أقرب صيدلية؟
٣. شو منشتري عادةً من الصيدلية؟

## بعد الإستماع - شو فهمنا؟

**التمرين ١**

**استمع إلى النص وأجب عن الأسئلة الآتية:**

**أ) ضع إشارة (✓) أو (x) أمام العبارات الآتية:**

١. ما في صيدلية بالأوتيل. ☐
٢. السايح بدّو طبيب لمرتو. ☐
٣. الفرمشية والصيدلية ذات الكلمة بلبنان. ☐
٤. هايدي الصيدلية ما بتبيع صابون. ☐

**ب) اختر الإجابة الصحيحة مما يلي:**

١. شو بها مرتو للسايح؟ ________.
أ) عمبيوجعها راسها.
ب) إيدها عمبتوجعها.
ج) بدها تروح علمستشفى.
د) ما بها شي.

٢. ليش ما بدو السايح طبيب لمرتو؟ ________.
أ) لأنّو الطبيب بيكلف كتير (غالي) بهالمدينة.
ب) ما بيحب الأطبا (الأطباء).
ج) إلو بالعادة يوجعها راسها.
د) ما سألو الكونسييرج إذا بدّو حكيم (طبيب).

٣. كم حبّة أسبرين إلها بالعادة المدام (السيدة) تاخد؟ ________.
أ) ما منعرف.
ب) إلها بالعادة تاخد حبتين.
ج) يمكن حبة واحدة بس (فقط).
د) عادةً بتاخد بانادول (تايلينول) مش أسبرين.

٤.     قديش صار بدو الصيدلي من السايح على يلّي اشتراه؟ ———————.

أ)   ١٩ دولار.

ب)  ١٦ دولار.

ج)  ١٣ دولار.

د)   ٣٠ دولار.

ج)   أجب على الأسئلة التالية:

١.     فيك تعدد شو اشترى السايح من الصيدلية؟ (كم غرض الخ...)

٢.     لشو اشترى حبوب غير الأسبرين؟

٣.     كيف رح يدفع السايح؟

٤.     بشو عادةً مناخد حرارة الجسم؟ قدّيش درجة الحرارة المنيحة؟

د)   حاول أن تركّز (ي) وتتصور:

– إرسم تصميم (design, plan) للطابق الأول بالأوتيل وحدّد وين بتصير الصيدلية.

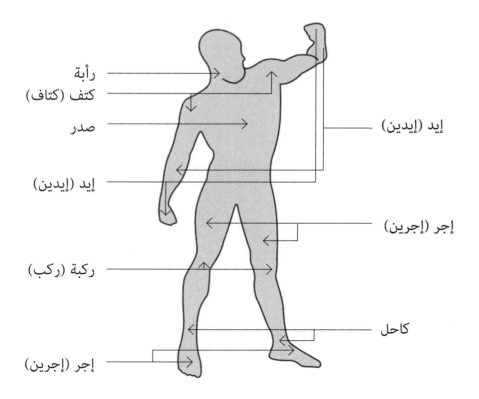

رأبة

كتف (كتاف)

صدر

إيد (إيدين)

إيد (إيدين)

إجر (إجرين)

ركبة (ركب)

كاحل

إجر (إجرين)

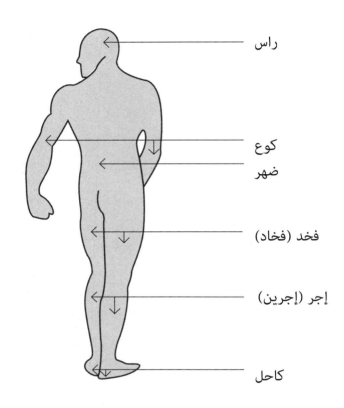

راس
كوع
ضهر
فخد (فخاد)
إجر (إجرين)
كاحل

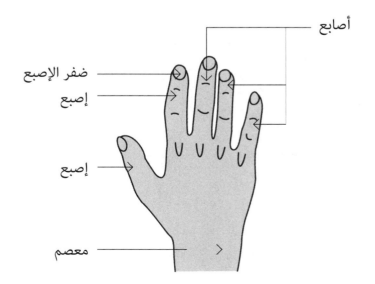

أصابع
ضفر الإصبع
إصبع
إصبع
معصم

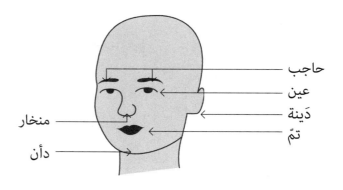

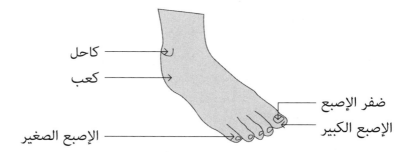

## المصطلحات اللغوية

‹ طبيب – حكيم

‹ صيدلية – فرمشية

The words of each pair are interchangeable in Lebanon and parts of the Republic of Syria. فرمشية is due to French influence, and حكيم is an interesting eastern title given to a medical doctor. It shows a very deep respect for this profession in the eastern Mediterranean, a respect that goes back thousands of years. Early Christianity (Orthodox) honored this profession, and many of the saints of the Church were physicians. A physician always held a position of esteem and respect in the community, and his job was not just considered a trade or a science, as it was in Europe among its bourgeoisie, but was seen as a position of wisdom, hence the word حكيم (wise man), and honor that extended to the whole family.

‹ خير انشالله؟

This question means "I hope it is good news". It is said when inquiring about the health of someone or when suspecting bad news will be announced.

◄ **ماعْليّ، ما عليش**

This means "It is all right", or "never mind", or "not a big deal".

◄ **ماشي الحال**

"All is well"; "Things are going well."

◄ **إلو بالعادة**

This expression literally means "It has the habit of". It is used to express a habitual recurrence of any sort. The possessive إلو should agree with the antecedent in gender and number.

**Example:**

Her head usually hurts. إلو بالعادة راسها يوجعها.
(Note that راس is masculine; thus we used إلو.)
His hand usually hurts. إلها بالعادة إيدو توجعو.
(إيد is feminine, so we used إلها.)

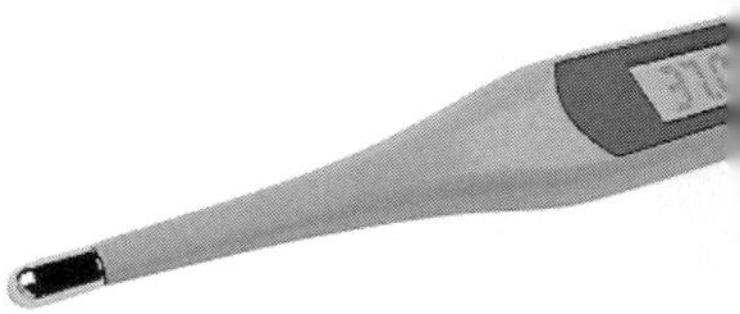

Please note that we use the present tense after this expression.

**Example:**

He usually (he has the habit of ...) comes at 4:35.

إلو بالعادة يجي الساعة أربعة ونص وخمسة.

◄ **سلامتك - الله يسلمك**

"I hope you will feel better."
The answer: "May God give you good health."

◄ **قدماني - ورّاني**

These words are a colloquial way of saying "the one in front, the one in the back". The plurals are الأولانيّي or الأولانيات and الورّانيي or الورّانيات. This form is common in describing rank or placement in Levantine Arabic.

**Example:**

She is first in her class. هيي الأولانية بصفها.

◄ شفت كيف - شفت شلون؟

This simple and common expression means "Do you see what I mean?" "Did you get it?" Or as we say in some colloquial forms of English, with some gloating: "D'See (Did you see)?!"

## Exercise 2

Please express the following in Levantine Arabic:

1. My head usually hurts.
2. My shoulder is not hurting.
3. He broke his ankle.
4. She needs two aspirins for her foot pain.
5. How much do I owe you for all of this?
6. Your (masc.) belly is aching from the falafel sandwich (that) you ate on the street yesterday.
7. Is your (masc.) back still hurting you?
8. You (masc.) are usually (you have the habit to be...) the first to come to class.
9. See (fem.)? I have told you that running (الركض) hurts the knees.
10. In order to make mjaddara, you should start by frying (قلا – يقلي) an onion, like this, slowly, see?
11. This radio station (إذاعة) usually (has the habit of...) puts on (حط) the music of Fairuz and the Rahbani brothers every morning.
12. Why are you (fem.) chewing gum in class?
13. (Leaving a sick person) We have to go now. Wishing you (masc.) good health!

## المفردات

| إنكليزية | فصحى | عامية |
|---|---|---|
| Pharmacy | صيدلية | صيدلية، فرمشية |
| Now | الآن | هلّق |
| Pain | وجع | وجع |
| To hurt | وجع، يجع | وجع، يوجع |
| Pill | حبّة | حبّة |
| To send | بعث، يبعث | بعت، يبعت |
| Elevator, lift | مصعَد | أسانسير |
| Box (small) | علبة | علبة |
| Scale | ميزان | ميزان |
| Thermometer | ميزان حرارة | ميزان حرارة |
| Soap | صابون | صابون، صابونة |
| Throat | حنجرة، حلق | حلق، زلاعيم |
| Chewing gum | علكة | علكة |

## Transcription

السائح: (بالفندق)  مرحبا.

الكونسييرج: أهلا استاذ.

السائح: في شي صيدلية فاتحة هلّق؟

الكونسييرج: معلوم استاذ.  في صيدلية بالأوتيل.خير انشالله  باك شي؟

السائح: لأ، بس مرتي راسها واجعها وبدنا مسكّن.

الكونسييرج: راسها عمبيوجعها؟

السائح: نعم.

الكونسييرج: بتحب اطلبلك حكيم؟

السائح: لأ معليش  (ما علي). إلو بالعادة راسها يوجعها.  حبتين أسبيرين وبيمشي الحال.

الكونسييرج: (يرفع سمّاعة التلفون ويقول للسائح).  سلامتها.

السائح: الله يسلمك.

الكونسييرج: ألو الفرمشية؟  رح ابعت لعندكن موسيو سميث.  بدو اسبرن لمرتو.  راسها عمبيوجعها.

(للسائح)  استاذ سميث، بتروح دغري من هون وبتاخذ أول يمين بعد الأسنسير وبعدين تاني شمال.  الصيدلية بتصير عايدك الشمال ورا الدرج الورّاني.

السائح: ورا درج شو؟

الكونسييرج (يضحك):  ورا الدرج الورّاني، يعني يلّي ورا.

السائح: ولّي قدّام شو بيسمّوا؟

الكونسييرج: القدماني.  شفت كيف (شلون)؟

السائح: شو صار بدّك منّي؟

الصيدلي: علبة أسبيرين، ميزان حرارة، صابونة، حبوب لوجع الزلاعيم، مجلة الرياضة، جريدة النهار، وعلكة... ١٦ دولار.

السائح: بتاخذ ترافلرز شيك؟

الصيدلي: نعم.

السائح: عظيم.

# حادث سيارة

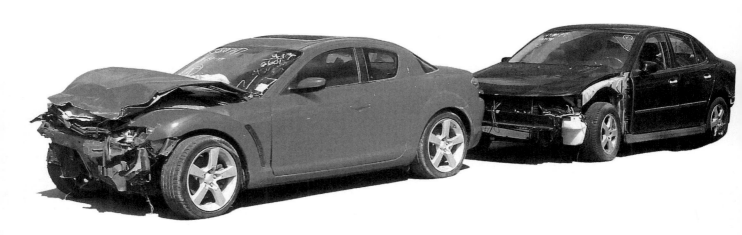

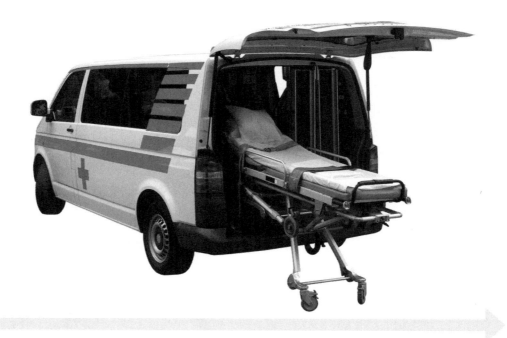

# حادث سيارة

## Objectives

- Car accidents.
- Road emergencies.

## قبل الاستماع

١. كنت شي مرّة بحادث سيارة؟ كيف صار الحادث؟ على مين كان الحق؟

٢. مع مين عادةً بيكون الحق، اذا سيارة ضربت بالتانيي من ورا؟

## بعد الإستماع - شو فهمنا؟

### التمرين ١

استمع إلى النص وأجب عن الأسئلة الآتية:

أ) ضع إشارة (✓) أو (x) أمام العبارات الآتية:

١. كميون الشحن ضرب بالسيارة من ورا. ☐

٢. السايح ما بيعرف إذا مرتو فيها تمشي أو لأ. ☐

٣. الحادث صار بنص الساحة حد دكّانة اللحّام. ☐

٤. سايق الكميون ما سبّلو للسايح. ☐

ب) اختر الإجابة الصحيحة مما يلي:

١. ليش ما طلب السايح الشرطة مباشرة؟ __________.

أ) ما في شرطة بهالمدينة.

ب) ما بيعرف الرقم.

ج) ما كان حامل الموبايل.

د) لأنّو الحادث كان كثير كبير وتضعضع (was perturbed).

٢. من وين عمبتنزف المرا؟ __________.

أ) عمبتنزف من مناخيرها.

ب) عمبتنزف من تمّها (فمها).

ج) مش عمبتنزف أبداً.

د) عمبتنزف من راسها.

٣. ليش طلب الواقف ( الرجل الثاني) يروح على محل الحادث؟ __________.

أ) لأنّو سايق الكميون اعتدا على السايح.

ب) ما منعرف، يمكن حشري (nosy).

ج) لأنّو خبير حوادث.

د) لأنّو طبيب (حكيم).

٤. برأي الرجال التاني (الواقف، الطبيب) على مين كان الحق ؟ ________.

أ) على السايح لأنّو ضرب الكميون من ورا.

ب) على الكميون لأنّو كان واقف بنص الطريق.

ج) على الكميون لأنّو كان مسرع.

د) على السايح لأنّو ضرب الكميون من ورا.

**ج) أجب على الأسئلة التالية:**

١. كيف صار الحادث؟

٢. مين تضرر من الحادث؟ (ضرر: harm, damage)

٣. وين صار الحادث؟

٤. ليش بدّو السايح يتصل بالشرطة؟

Can you put the answers to these 4 questions in the format of an oral presentation before class? Try it.

## المصطلحات اللغوية

**◀ دخيلك**

This word means "please, I am imploring you". This is a very common word in Levantine Colloquial Arabic. It is also used with other possessives: دخيلِك،دخيلكن, etc. It also could be used as a form of endearment: "oh how cute you are".

**◀ مشّي لينا؟**

This expression means "let us go, let us proceed." As with all imperative verbs, it is conjugated according to who is being addressed. For example, مشوا لينا (plural).

**◀ يالله عجّل**

"Come on, hurry up". As with all imperative usages, it is conjugated according to who is being addressed. عجلي (fem.), عجلوا (plural).

**◀ كتّر خير الله**

"May the bounty of God be abundant". It is a way of saying "Thank God".

◀ **يا لطيف**

"Oh, good Lord".

◀ **الحق مع وعلى**

This is an easy and common way to express who is right and who is wrong. By saying الحق على it means someone is wrong, while الحق مع means someone is right. As we can see and hear from the passage, this expression is possessive.

**Example:**

He is right. الحق معو.
She is right. الحق معها.
They are wrong. الحق عليهن.
We were wrong. كان الحق علينا.

## Cultural notes

◀ **منخار - أنف**

Please note the Levantine usage of منخار for nose. The late writer and great satirist Said Takki-ddyn (سعيد تقي الدين) thought the word منخار to be one of the ugliest words in spoken language. He thought we should keep the classical word أنف instead.

◀ **مخفر درك**

This expression, which means "police station", is now rarely used outside of Lebanon. In the old days, law enforcement agencies were not referred to as شرطة but as درك (a Turkish word). This is still the case in Lebanon, although there are also شرطة بيروت الشرطة السياحية, and other organizations that form along with the درك what is known as الأمن الداخلي.

## Shops and professions

Barber: حلّاق works in صالون حلاقة
Baker: خبّاز works in فرن or مخبز.
Blacksmith, iron worker, forged metal artisan: حدّاد works in a محل حدادة.
Butcher: لحّام works in a محل لحامة or ملحمة.

Merchant, grocery store owner, sidewalk vendor: بيّاع
Plumber, a person who fixes bath or kitchen utensils: سنكري
Shoemaker, shoe repairer: كندرجي، سكّاف works in a محل سبابيط.

There is an old tendency to put a جي after a word to indicate a profession. Sometimes this practice is overused, and it starts to sound trite. Here are few; you could build your own:

Shoe shiner: بوياجي
Someone who takes a commission on odd jobs: كوميسْيَنْجي
A sweets chef: حلوَنْجي
A shop owner: دكّانجي

Please remember the three ways of saying "please":

| Please | | | |
|---|---|---|---|
| You (masc.) | من فضلَك | وحياتَك | عمول معروف |
| You (fem.) | من فضلِك | وحياتِك | عملِي معروف |
| You (plur.) | من فضلكن | وحياتكن | عملوا معروف |

## Exercise 2

Please express the following in Levantine Arabic:

1. Please [imploring] (fem.) can you call the ambulance; I had a big accident.
2. Come on, hurry up (fem.), we don't want to be late to the theatre (مسرح).
3. OK, I finished my dinner; let us go to the beach now.
4. I am not able to walk. He swore at me and then (بعدين) he attacked me.
5. If it's no bother, can you (masc.) write a medical report about my daughter? I want to give it to the insurance (تأمين) company.
6. At the top of the hill (uphill road) there is a butcher shop; in front of it there is a three-level stone building.
7. You (fem.) are in the wrong; you hit James' car from the rear.
8. You (plural) are right; but another (تانية) time, you should not (من اللازم ما) (ما كان من اللازم) get into political talk with these people. (use فوت for to *get into*)
9. Oh, good lord, what an accident, the mind cannot imagine it, but thank God, no one (ما حدا) got hurt.
10. Let (masc.) the doctor come and visit you.
11. Please go (masc.) to the shopkeeper and buy a kilo of coffee (بن) for me.

## المفردات

| إنكليزية | فصحى | عامية |
|---|---|---|
| Ambulance | إسعاف | إسعاف |
| Accident | حادث | حادث |
| Truck (big) | شاحنة | كميون، شاحنة |
| Hospital | مستشفى | مستشفى، مشفى |
| To bleed | نزف | نزف |
| Nose | أنف | منخار، مناخير |
| Exactly | بالضبط | بالظبط |
| Butcher | لحّام | لحّام |
| Please (to a man) | أرجوك | دخيلَك |
| Report | تقرير | تقرير |
| Expert (assessor) | خبير، مخمّن | خبير |
| It seems, looks like | يبدو | الهيئة |
| To threaten | هدّد | هدّد |
| To attack | اعتدى | اعتدى |
| Hitting | ضَرْب | ضَرْب |
| Bothering | إزعاج | إزعاج |
| For sure | أكيد | أكيد |
| To swear (at someone) | سبّ، شتَم | سَبّ |
| Bastard (derogatory), jerk | نذل | عكروت |
| To imagine | تصوّر | تصوّر |

## Transcription

السائح: (متضعضع) وحياتك بدي اتصل بالشرطة أو بالشرطة السياحية أو بالاسعاف مستعجل.

الواقف: شو بدك بالاسعاف؟

السائح: في شي مخفر درك هون ولاّ تلفون؟ ما معي الموبايل هلّق. عجّل وحياتك.

الواقف: أنا بتّصل فيهن. يالله سو في قول.

السائح: وحياتك قلهن انّو أنا سائح وعملت حادث كبير. سيارتي ضربت بكميون شحن من ورا، ومرتي يمكن بدها مستشفى.

الواقف: مرتك لازملها مستشفى؟

السائح: يمكن ايه. وعمبتنزف من مناخيرها.

الواقف: (يطلب على التلفون ويتكلم). (للسائح هويي وعلى التلفون): وين صار الحادث؟

السائح: باول الطلعة هايديك، على الساحة فوق، قدّام بناية الحجر.

الواقف: وين بالضبط؟

السائح: بنص الساحة، قدّام بناية الحجر يلي عيمين الشارع انت وطالع من هونيك. حد اللحّام.

الواقف: عرفت وين، عرفت وين (يتابع الكلام على التلفون بعدين بيخلص من الحديث وبيحكي مع السايح) عمبتقدر تمشي؟

السائح: ما بعرف. دخيلك اتصل بالشرطة كمان.

الواقف: الاسعاف بيتصل، بس مشّي لينا هلّق، يالله عجّل، خلّيني، شوفها أنا حكيم.

(بعد قليل)

الواقف (الطبيب): (بعد ما يفحص المرا) الحمدالله عالسلامة ما في شي مهم. بس لازم تتصل بالشرطة حتى يكتبوا تقرير ولازم يجي خبير الحوادث حتى يقول معمين وعلى مين الحق. الهيئة الحق عليك لأنك ضربت الكميون من ورا.

السائح: على كل حال لازم نتصل بالشرطة لأنّو سايق الكميون هدّدني واعتدى عليّي بالضرب. فيك تتصلّي بالشرطة عمول معروف اذا ما في ازعاج؟

الواقف: تكرم.

السائح: شكرا حكيم.

الطبيب: يا عيب الشوم. كتّر خير الله طلعت بسيطة. شكور (اشكر) الله بس.

السائح: أكيد.

الواقف: (بعد التلفون) سبّلك شي هالعكروت؟

السائح: يا لطيف. شو كلام، ما بيتصورو عقل.

الواقف (بياخذ السايح على جنب) شو قلّك؟

السائح: (بيوشوشو. الواقف بيضحك

# وين جزدان مرتي؟

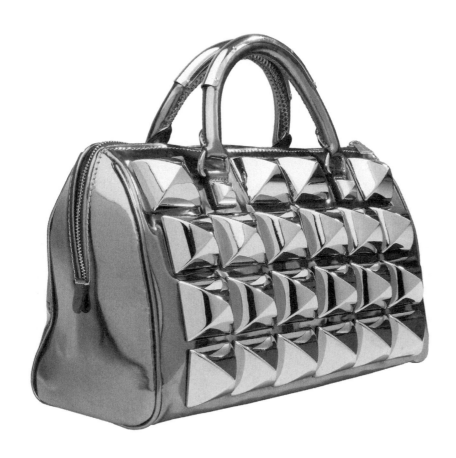

# وين جزدان مرتي؟

## Objectives

Reporting theft.

## قبل الاستماع

١. حدث شي سرقة معك من قبل؟ وين؟ شو انسرق كيف؟

٢. وين سهرت مبارح عشية؟ إنت ومين؟

## بعد الإستماع - شو فهمنا؟

### التمرين ١

استمع إلى النص وأجب عن الأسئلة الآتية:

أ) ضع إشارة (✓) أو (×) أمام العبارات الآتية:

١. طلب الشرطي ياخد إفادة مستر سميث مع تقرير ممضي. ☐
٢. العريف الشرتوني كل همّو الأكل. ☐
٣. السيدة سميث نسيت الجزدان بالسهرة. ☐
٤. وقع الجزدان تحت التخت. ☐

ب) اختر الإجابة الصحيحة مما يلي:

١. شو قالت شرطة مخفر النجمة أوما اتصل فيها مستر سميث؟ ________.
أ) قالولو لازم يتصل بالشرطة السياحية.
ب) قالولو رح يجو قوام.
ج) قالولو يتصل بأمن المطار.
د) قالو السرقة مش شغلتهن.

٢. وين كان مستر سميث مبارح عشية؟ ________.
أ) بقي كل الوقت بالأوتيل.
ب) كان معزوم على العشا مع مرتو.
ج) كان معزوم على العشا وحدو.
د) كان مع مرتو عمبيحضرو فيلم سينما.

٣. بمين بيشِك مستر سميث؟ ________.
أ) بيشِك بالخادمة.
ب) بيشِك بالكونسييرج.
ج) بيشِك بالخادمة وبالكونسييرج.
د) ما بيشِك بِحدا (بأحد).

٤.   شو قال الرقيب بهجت للعريف الشرتوني بعد ما طلعوا برّا الأوضة؟ ـــــــــــ .

أ)  مش شغلك شو أكل مستر سميث.

ب)  بلا تضييع وقت.

ج)  بس ولا.

د)  يا دلّي شو هالسهيان!

## ج) أجب على الأسئلة التالية:

١.   بأيّا أوضة نازل مستر سميث؟

٢.   شو أسامي الشرطيين من الشرطة العسكرية؟

٣.   شو كان إنطباع (impression) الشرطيين هنّي وتاركين الأوتيل؟

٤.   وين سهرت مبارح عشية؟ إنت ومين؟

## المصطلحات اللغوية

### ◄ مش شغلتي

"Not my business". "I know nothing in this type of thing". These words could also be said to someone in scolding: مش شغلك, meaning "none of your business".

### ◄ تضييع وقت

This expression means "to waste time", "to spend time doing nothing or meaningless things".

### ◄ أيوه

"Yes".

### ◄ على راسي، على عيني

We have seen similar expressions before; they always mean "most willingly". Literally they mean "on my head", "on my eye", but in the Levant that shows an extreme willingness to help or to oblige. They could also be used mockingly by someone forced to do something he/she doesn't want to do. The answer (in both situations) is always يسلم هالراس، تسلم هالعين.

**◀ السهرة**

This is an important term extensively used in the Middle East. It means an evening (or night) visit, a night party, or spending the evening with friends at any location. It also means to stay up most or all night doing a chore such as guarding or studying or doing something leisurely such as playing cards, talking, or reciting poetry. In the Orthodox Church السهرانية means the vigil all night prayers.

This term is also applied to evening clothing and evening party paraphernalia, for example فستان سهرة (evening dress). In the old days, people would visit one another and spend the evening and most of the night under the stars (in summer) or around the fire (in winter) telling stories and riddles, or reciting poetry, or gossiping. Unfortunately, this great eastern Mediterranean habit is waning due to the television culture.

**◀ بس ولاه**

"Enough you". This *you* (ولاه) is very derogatory. This form is either masculine or plural and is pronounced "wallah". The feminine وليه is pronounced "wleeh". It shows disrespect, anger or a challenge to someone. It is also informally (and impolitely) used to scold someone. Among very close friends it could be used as a term of familiarity and endearment. بس means "enough", like خَلص or خلاص.

**◀ مشّي لينا (مشّوا لينا)**

"Let's go".

**◀ – يعطيك العافية**

**◀ – الله يعافيك**

This expression is one of the most commonly used Levantine terms to say "may God give you good health (strong health)". It is encouragement for someone doing, or about to do, good work, a lot of work, or hard work. The answer is always الله يعافيك, الله يعافيكِ, الله يعافيكن. Sometimes it is said to greet someone at work, or when leaving a company at work.

**◀ يا دلّي (!)**

"Dear me", "poor me". This phrase expresses pity or mocks someone or something for falling short of good.

## Exercise 2

Please express the following in Levantine Arabic:

1. Please call the police; my bike was stolen.
2. I did not see you last night; were you invited somewhere?
3. This is not my business — go (fem.) to third office on the right.
4. On the 20th of October, there will be an evening party at Leila's.
5. Enough (بلا، خلص، حاج) wasting time — start studying.
6. Dear me, what a town! The schools are bad, and the police are always drinking coffee in the station.
7. Yesterday there was a banquet in our hotel, and my husband lost (ضيّع) his wallet.
8. I did not lose my purse; there is a lot of theft at this time of the year.
9. At the end of the game, there was a brawl in the stadium.
10. They are all kind, but they argue too much.
11. I am hungry and I want to eat. Come on, let's go to some restaurant.

## المفردات

| إنكليزية | فصحى | عامية |
|---|---|---|
| Theft | سرقة، سرقات | سرقة، سرقات |
| Woman's purse (could also be said of a man's purse) | محفظة، محفظات | جزدان، جزادين |
| Police station, law enforcement post | مخفر، مخافر | مخفر، مخافر |
| Security | أمن | أمن |
| Fighting, arguing, brawling | خناق | خناق |
| Hitting someone, a beating | ضَرْب | ضَرْب |
| Mission | مهمة، مهمّات | مهمة، مهمّات |
| Corporal | عريف | عريف |

| | | |
|---|---|---|
| Invitation to a meal or to a banquet | دعوة، دعوات | عزيمة، عزايم |
| Most probably | الأرجح | الأرجح |
| To doubt, to suspect | شكّ، يشك | شكّ، يشك |
| Testimony | إفادة، إفادات | إفادة، إفادات |
| To apologize | اعتذر، يعتذر | اعتذر، يعتذر |
| Pay attention, be careful (imperative) | انتبه، انتبهي، انتبهوا | انتبه، انتبهي، انتبهوا |
| To have dinner | تعشّا، يتعشّا | تعشّا، يتعشّا |
| Absent minded (derogatory) | سهيان | سهيان |

## Transcription

السائح: ألو هون مستر سميث بالغرفة (الأوضة) رقم ٤٢٣ صار في سرقة بالغرفة، انسرق جزدان مرتي. وحياتك اتصليلي بالشرطة.

الاستعلامات: ألو الشرطة.

الشرطة: ألو مخفر النجمة نعم.

السائح: أنا مستر سميث بأوتيل كومودور غرفة رقم ٤٢٣. انسرق جزدان مرتي.

الشرطة: مستر سميث انت سايح شي؟

السائح: نعم.

الشرطة: فاذا،، لازم تتصل بالشرطة السياحية أو بأمن الاوتيل.

السائح: ليش بقا؟

الشرطة: افهمني، سرقة الجزادين مو شغلتنا.

السائح: حلو هالحكي. شو شغلتكن لكن؟

الشرطة: الخناق، القتل، الضرب، سرقة السيارات، البنوكة... شو لكن؟ القصص المهمة، شو فهمنا؟ ما منضيع وقتنا بالقصص الصغيرة. جزادين، نسوان....

السائح: يعني انتو للمهمات الصعبة.

الشرطة: أيوه. هلق فهمت. يالله حبيبي اتصل بالشرطة السياحية وهنّي بيساعدوك.

(بعد دقائق)

الشرطة السياحية: مستر سميث أنا العريف بهجت وهيدا العريف الشرتوني من الشرطة السياحية. انسرق جزدان مرتَك؟

السائح: نعم.

الشرطة السياحية: أيمتى؟

السائح: الأرجح مبارح عشية لمّا كنّا معزومين على العشا.

الشرطي الثاني: شو أكلتو؟

الشرطي الأول (بتعجب، يوبخ الأول): شو دخّلك انت؟

الشرطي الثاني: بدنا نعرف، لازم نعرف.

الشرطي الأول: مش وقتها هلّق. (يتكلم مع السائح) ايه مستر سميث. بتشك بحدا شي؟

السائح: لأ. الكل كانوا لطفا، يلّي بينظفوا، الخادمة، الكونسييرج، كلهن مناح.

الشرطي الأول: طيب مستر سميث، اذا ما بتشك بحدا، كل شي فينا نعملو انّو ناخد افادتك وتقرير مكتوب وممضي منّك.

السائح: على راسي.

الشرطي الثاني: سلّم هالراس.

الشرطي الأول (للثاني): بس ولا.

وين جزدان مرتي؟

(بعد دقائق)

الشرطي: امضيلي هون وحياتك.

السائح: وين؟

الشرطي: هون من فضلك... طيب قلّي، معقول تكون مرتك ضيعت الجزدان أو نستّو بشي محل عند حدا؟

السائح: لأ ما بيصير حضرة العريف لأنّو أنا بتذكر قبل ما رحنا علعشا مبارح بالسهرة كان الجزدان تحت التخت هيدا (هادا).

الشرطي: أيا تخت؟ هيدا (هادا)؟!

السائح: نعم.

الشرطي: عمول معروف تشوف. (الشرطي الثاني يساعده، يجد الجزدان تحت التخت ويحمله بيده) هيدا هوي جزدان مرتك؟

السائح: هيدا اياه. حضرة العريف يا عيب الشوم كيف بدي اعتذرّ؟ شكرا.

الشرطي: العفو. والمرة التانية انتبهوا، ما توقعوا الجزدان تحت التخت. (للشرطي التاني) يالله يا عزّو. مشّي لينا. بعد بدكن شي؟

السائح: لأ يعطيكن العافية.

الشرطي الثاني: استاذ شو تعشيتو مبارح بالعزيمة؟

الشرطي الأول: لك عيب ولا... للسائح لا توخذنا. (يخرجون) لك عزو، شفت ملاّ تنين. يا دلّي شو هالسهيان.

الوحدة الأربتعش

# السيارة خربانة

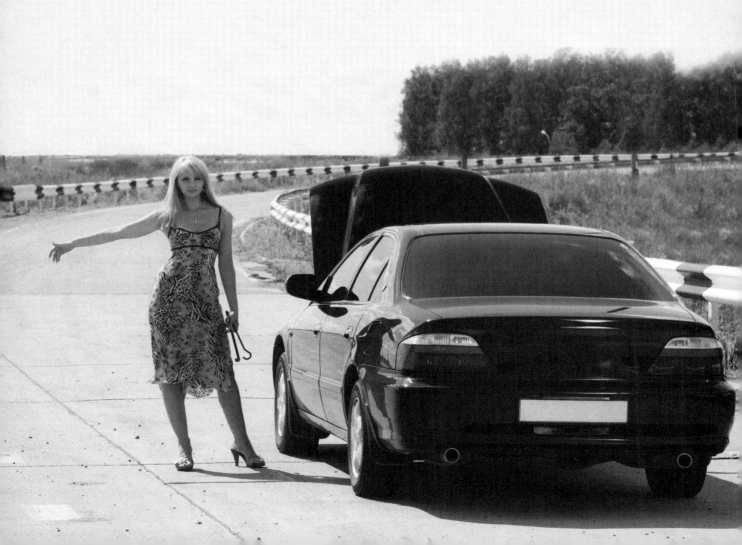

# السيارة خربانة

## Objectives

- Car trouble.
- Sarcasm.

## قبل الاستماع

١. تعطّلت سيارتك شي مرّة؟ وين تعطلت؟ شو عملت؟
(تعطّل – to break down).

٢. شو كان بها؟ (وين صلّحتها– to fix it؟ )

## بعد الإستماع – شو فهمنا؟

**التمرين ١**

استمع إلى النص وأجب عن الأسئلة الآتية:

أ)   ضع إشارة (✓) أو (✗) أمام العبارات الآتية:

١.   السيارة تعطلت بمحطة البنزين.

٢.   السائح بدو ونش تيقطر السيارة.

٣.   السائح بيعرف شو بها السيارة.

٤.   السيارة انقطعت من البنزين.

ب)  اختر الإجابة الصحيحة مما يلي:

١.   ليش انقطعت السيارة؟ _____ .

أ)   خلص البنزين فيها.

ب)  ضربت بسيارة شحن.

ج)  انكسر نربيش البنزين.

د)  عملت حادث.

٢.   ليش بدو السايح فاتورة؟ _____ .

أ)   تيعرف قديش لازم يدفع.

ب)  ليعطيها لشركة تأجير السيارات.

ج)  ما بدو السايح فاتورة.

د)  لأنّو ما معو (فلوس، مصاري) يدفع هلّق الآن).

٣.   شو عمل الميكانيسيان بالسيارة؟ _____ .

أ)   غيّر الزيت.

ب)  غيّر الماي.

ج) قطر السيّارة.
د) كل التلاتة.

٤. ليش نكرز (got angry ،زعل) الزبون؟ ________.
أ) لأنو ما أخد الفاتورة.
ب) لأنو السيارة ما كان بدها زيت.
ج) لأنّو الونش ما قطر السيارة.
د) لأنو الفاتورة غالية كتير.

## ج) املأ الفراغات الآتية بالكلمات المناسبة:

١. الميكانيسيان عندو كاراج ________ ورا البيت.
٢. السيارة ________ وما بتمشي عالعادي أو على المازوت.
٣. الفاتورة كانت غالية، وكانت بـ ________ ________.
٤. بالآخر سأل الميكانيسيان السائح إذا كان بدو ________.

## د) رتب الأفكار الآتية بحسب ورودها في النص:

١. الميكانيسيان ما عطى فاتورة الحساب. ☐
٢. السيارة لازمها ونش يقطرها. ☐
٣. السايح رفض يشتري ماي للطريق. ☐

## Cultural notes

The language of mechanics differs from area to area in the Levant. In Lebanon and in the Syrian republic, the mechanical lexicon is heavily dominated by Arabized French terms, while in Jordan English terms dominate. Words such as كاراج، بنزين، فيول، موتور، مازوت، كاربوراتور، ديفيرانتيل entered the language from the West and are usually pronounced with local intonations and accents.

Also, gasoline (petrol) types are indicated by عادي for "regular", and ممتاز for higher octane.

## تدريب القواعد

### ▶ The use of هات تشوف

Literally this phrase means "give it to me to see", which means "let me see". The verb هات is taken from Classical Arabic and is an imperative form of the verb *to give*, like أعطِ.

### ▶ The use of جايي

This is an interesting way of using the present participle. If we say أنا جايي that means "I am coming" هويي جايي means "he is coming", and thus هنّي جايين means "they are coming". However, in Levantine Arabic we can start the sentence by saying directly (eliminating the pronoun) جايي آكل for "I am coming to eat", or جايين ياكلو for "they are coming to eat" (simply placing a present verb after the participle). In this text when we hear the mechanic saying شو جايي غشّك أنا؟, that means "Do you really think that I am going (coming) to cheat you (to scam you)?" We hear expressions like this one very often in Levantine, and they all imply improbability. For example, if I say شو جايي إلعب مع ولاد هون؟ (Does one think I am coming to play with children here?), that means "I am not coming to play with children here." Here are a few similar expressions:

| | |
|---|---|
| I am not coming to work like a donkey. | شو جايي إشتغل متل الحمار؟ |
| What are you coming here to do before dawn? (disapprovingly) | شو جايين تعملوا قبل الضو؟ |
| What are you coming to say on this morning? (disapprovingly) | شو جايي تقولي عند هلصبح؟ |

This sense of improbability could also be expressed with حدا بـ ______؟, meaning "Can someone – a sane person – (do such an improbable action)?

**Example:** حدا بيلعب مع ولاد (Does a same person play with children?)

## المصطلحات اللغوية

◄ أمور، أمري، أمروا

These words mean "give an order", "tell me how I can help you", "your wish is my command".

◄ مدري

This word means "perhaps" or "I wonder".

◄ سلم ديّاتك

"God bless your hands" (keep them safe). This is a way of saying "thank you".

◄ وحبة مسك

This figure of speech literally means "and a grain of mastic". Mastic is a precious ingredient in incense, fragrance and haute cuisine. This expression is used to express a great satisfaction with work; it means that one is willing to pay in full and also add a grain of precious mastic on top of the bill.

◄ يتشاطر

The verb means "to be a smart aleck", "to use wit and intelligence and know how to take advantage of someone".

◄ خلّيها علينا

Please see chapter 10. Here we added خلّيها to express "it is on us this time", "it is my treat". This should not usually be taken seriously and should be considered a form of etiquette and good manners. One should refuse at first, appreciate the gesture and insist on paying.

# السيارة خربانة

## المفردات

| إنكليزية | فصحى | عامية |
|---|---|---|
| Mechanic (someone who repairs cars) | | ميكانيسيان |
| To overheat | حمي | حمي |
| To break | انكسر | انكسر |
| Repair | تصليح | تصليح |
| To tow | قطر | قطر |
| Broken down, out of order | معطل، خارب | معطل، خربان |
| To bring | جلب، يجلب | جاب، يجيب |
| A hoes | | نربيش |
| Fuel, gasoline | وقود | بنزين |
| It seems that (like)… | يبدو | الهيئة |

## Transcription

شخص: تفضل، أمور.

السائح: تعطلت سيارتي على الطريق وبدي صلّحها، بتعرف شي ميكانيسيان؟

شخص: نعم أنا ميكانيسيان. وصلت. تفضل أمور، شو بها السيارة؟

السائح: ما بعرف. مدري حميِت، مدري انكسر شي بالموتور.

شخص: يالله منروح نشوفها؟

السائح: على مهلك شوي، ما عندك محل تصليح؟

شخص: معلوم، عندي كاراج تصليح ورا البيت. بس خلّيني شوفها، اذا بدها محل منجيب ونش يقطرها.

(بعد قليل)

السائح: شو طلع بها؟

شخص: المكنة مخرّبة (خربانة) منيح. حمياني، ومكسور نربيش البنزين. مش بس حميت، كمان انقطعت من البنزين.

السائح: في شي محطة بنزين هون؟

شخص: معلوم، وصلت، أنا عندي محطة.

السائح: يا لطيف... ها ها ها. الهيئة عندك كل شي.

شخص: ولَو. يلّي بتامرو. شو بتحب عادي ولاّ ممتاز، في مازوت كمان.

السائح: لأ ممتاز. هايدي سيارة جديدة وما بتمشي لا علعادي ولا علمازوت.

(بعد قليل)

السائح: قديش صار بدك مني؟

شخص: خلّيها علينا.

السائح: لأ يا عيب الشوم.

شخص: ما عليش غير مرة.

السائح: والله العظيم ما بقبل. اعطيني الحساب.

شخص: طيب، هات ٣٠٠ دولار.

السائح: (بتعجب) ما عندك فاتورة؟

شخص: شو بدك بالفاتورة كزلمة؟ شو بدي غشك أنا؟

السائح: بدي أعرف. لازم أعرف، خصوصا انّو هايدي سيارة أجار وبدي فاتورة فرجيها (ورجيها) لشركة الأجار حتى هني يدفعوها.

شخص: (يأخذ قلم ويكتب على ورقة عتيقة) طيّب، ١٥٠ دولار غيار زيت، ٥٠ دولار غيار ماي، ٥٠ دولار بنزين و٥٠ دولار ونش.

السائح: (بعصبية يأخذ الورقة) هات تشوف.(يقرأ) الزيت بـ ١٥٠ دولار، البنزين بـ ٥٠ و ٥٠ دولار ونش، ايه شو سيارة الآغا خان هييّ؟

شخص: روح حبيبي، شو مفكرني عمبتشاطر عليك ولاّ جايي غشّك؟

السائح: تقبرني هايدي الـ ٣٠٠ دولار وحبة مسك كمان. بس الله يرضى عليك خلّيني امشي، يالله.

شخص: ممنونك. ما بدّك ماي للطريق؟

السائح: بـ ٣٠٠ دولار كمان؟! لأ سلّم ديّاتك، بلاقيلي شي نهر على الطريق بشرب منّو!!!!!!

# سمك وصحن يومي

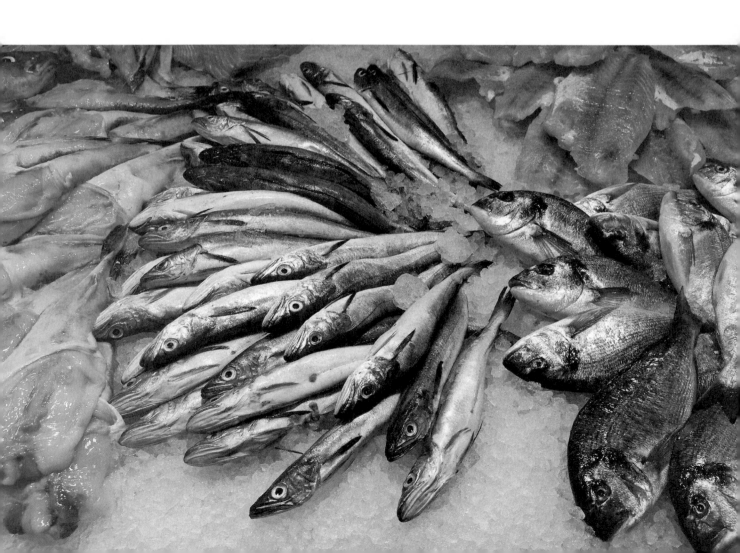

# سمك وصحن يومي

## Objectives

- Restaurants, ordering.
- Fish, culinary traditions.

## قبل الاستماع

١. على أي مطعم بتحب عادة تروح؟

٢. ليش بتروح هونيك؟

٣. شو بتطلب عادة هونيك؟

## بعد الإستماع – شو فهمنا؟

### التمرين ١

استمع إلى النص وأجب عن الأسئلة الآتية:

أ) ضع إشارة (✓) أو (x) أمام العبارات الآتية:

١. حجزت السيدة طاولة جوا (ت) المطعم. ☐

٢. هيدا المطعم بيقدم مشروب. ☐

٣. شافوا السمك قبل العشا. ☐

٤. الأستاذ سميث ما بيدخن. ☐

ب) اختر الإجابة الصحيحة مما يلي:

١. مدام سميث بدها طاولة بتطل على ________.

أ) التلّة.

ب) النهر.

ج) البحر.

د) السهل.

٢. الأستاذ سميث طلب السمك ________.

أ) مقلي.

ب) مشوي.

ج) مسلوق.

د) متبّل.

٣. طلب السائح الصحن اليومي ________ السمك.

أ) مع.

ب) بعد.

ج) قبل.

د) ما طلب الصحن اليومي.

٤. بأيّ بلد بياكلوا السمك ني؟ ـــــــــــ.

أ) بفرنسا.

ب) بالعراق.

ج) بالهند.

د) باليابان.

ج) املأ الفراغات الآتية بالكلمات المناسبة:

١. عمول معروف بدي ـــــــــــ لتلات أشخاص على العشا.

٢. منحب طاولة برّا ـــــــــــ على البحر.

٣. ما بحب السمك ـــــــــــ يس بحبوا مقلي.

٤. هيدا المطعم ما عندو ـــــــــــ الكل بيقعدوا جوّا.

د) رتب الأفكار الآتية بحسب ورودها في النص:

١. سأل مستر سميث شو الصحن اليومي.

٢. مستر سميث حب يدخن.

٣. اتصلت مسز سميث لتعمل حجز لشخصبن.

هـ) تحدَث شفويّاً عن مواصفات المطعم حيث تحب أن تأكل.

## Cultural notes

Although he is referred to with the French word *garçon*, it is not proper to address a waiter with this word. The word *maitre* is often used.

In some fish restaurants, it is customary for patrons to see the fish supply and choose what they want cooked for them prior to dinner.

In Lebanon most restaurants serve alcoholic beverages. In the rest of the Levant also, especially in major cities, alcoholic beverages are served in a lot of restaurants. However, some restaurants observe Islamic laws and opt not to serve any alcohol. It would not be insulting, at a good restaurant, to ask at the beginning of a meal whether the establishment serves alcohol or not.

Arak is an anise drink served with traditional maza plates.

أنواع السمك

Following are fish names as known in Beirut and on the Lebanese and northern Syrian shores. Local names vary.

لقز (رملي – صخري)

. Mediterranean sea bass. The most common of its many varieties are sand bass and sea bass.

سلطان ابراهيم

Red mullet. This small red fish is much sought after. In France it is called *rouget* which is also used in the colloquial of Morocco and North Africa. In Egypt they call it by its Greek name: *barbounia*.

عرموط (ملّيف)

Whiting. A fish with a pointed and elongated form.

أنواع الطعام

الملوخية

Originally an Egyptian dish that made its way to the Levant. This green plant is stewed in broth. It is served over rice, toasted bread, meat or chicken, or both, and sprinkled with either vinegar and onion or lemon juice. In Egypt, Palestine and Lebanon, the leaves are thinly chopped. Around Damascus, the leaves are left whole.

المازة

A collection of small dishes of appetizers and salads that accompany a drink.

الأرجيلة

An ornate water pipe used for smoking tobacco. Also known as *shisha, hooka, hubbly bubbly*. Originally it was considered the smoke of the elite and the important. The most prized tobacco comes from Persia and requires care and know-how to prepare. It is smoked by putting a charcoal on the top of the tobacco. The charcoal is often changed by the tobacco master at a restaurant or café. Unfortunately, cheap flavored tobaccos that are easy to light due to the excessive amount of sugar in them have taken over recently, destroying the folklore of the *argileh* and making it common.

## Exercise 2

Please express the following in Levantine Arabic:

1. Hello Ajami Restaurant? I would like to make a reservation for three people please.
2. Can you please give us a table outside overlooking the river?
3. What is the plat du jour?
4. She would like the fish grilled.
5. Is the sea bass fresh today?
6. Can we choose (نقّى) the fish please?

### المصطلحات اللغوية

◄ تكرم عينك

This expression is used as an answer for "thank you", the same way we would use "you are welcome" in English. The literal meaning, "may your eye be honored", makes no sense in English but is a very effective way of stating "don't mention it", "not at all", "it is a pleasure".

**Example:**

– شكرا

– تكرم عينك

◄ على زوقك

This expression is used to tell someone that you trust his/her taste and invite him/her to do his/her job as he/she would do it for himself/herself. You are expecting the top quality.

**Example:**

بدي صحن حمص اكسترا يكون على زوقك.

◄ مو هيك؟ مش هيك؟ ما هيك؟

This expression means "Isn't it so?" It is used as a question to assert a stated fact, as in this English example: He is the best student in the class, isn't he?

**Example:**

هوي أحسن تلميذ بالصف، مو هيك؟

◀ يا برك الله

This expression is used to express marvel and awe in the face of bounty. For example, one may say it if it rains a lot or too much, or if someone goes to Niagara Falls and marvels at the size of the place.

**Example:**

شفت شو هالعاصفة، يا برك الله!

◀ الله يرضى عليك

This expression means "May God be please with you". It is often used as a polite way to say "please".

**Example:**

الله يرضى عليك روح جيب كيلو بندورة من السوق

## المفردات

| إنكليزية | فصحى | عامية |
|---|---|---|
| Reservation | حجز | حجز |
| To overlook | طلّ | طلّ |
| To see | رأى | شاف |
| Fresh (quality of product) | طازج | طازة |
| Now | الآن | هلق |

## Transcription

السائحة : ألو مطعم البحري؟

مدير السفرة (الميتر) : نعم.

السائحة : اسمي مسز سميث، وأنا وزوجي (جوزي) منحب نعمل حجز للعشا.

الميتر : اليوم عشية مدام؟

السائحة : نعم، اليوم المسا عمول معروف.

الميتر : والحجز لكم شخص وباسم مين مدام؟

السائحة : لتنين وحياتك (لشخصين)، باسم مستر سميث ومنحب طاولة بتطل على البحر.

الميتر : الساعة تمانة الليلة عندي طاولة على الفرندة بتطل دغري علبحر، رح احجزلكن ياها.

السائحة : شكرا.

الميتر: العفو مدام. فاذا، منشوفكن الساعة تمانة.

– ٢ –

الميتر : أهلا و سهلا استاذ سميث. تفضلوا.

السائح : حضّرتلنا الطاولة؟

الميتر : معلوم، على الفرندة متل ما طلبتوا.

السائح : ممنونك. (بعد قليل) شو الصحن اليومي؟

الميتر : عنّا (عندنا) ملوخية مع الدجاج.

السائح : عظيم، صحنين ملوخية. مازة صغيرة: حمص، باتنجان وسلطة، ونصّية عرق.

الميتر : تكرم عينك. بتحبوا تشوفوا السمك؟

السائح : شو في سمك طازة؟

الميتر : في لقز، سلطان ابراهيم، عرموط وبوري.

السائح : طيب اعطيني كيلو لقز وكيلو سلطان ابراهيم.

الميتر : مقلي أو مشوي؟

السائح : لأ مقلي*.

* This is not negation but accentuation.

الميتر : تكرم عينك. السمك بعد الملوخية، مش هيك؟

السائح : عمول معروف.

الميتر: بتحبوا تجوا علمطبخ تنقوا السمك؟

السائح: لأ معليش. نقيهن على زوقك. أبيه... والله يرضى عليك ميتر، قلّو لمعلم الأرجيلة يظبطلنا واحدة على زوقو.

الميتر: تكرم عينك.

السائح: شكرا.

الميتر: يا هلا.

الميتر (للنادل): يا برك الله شو بياكلوا.

النادل: شفت، شفت... ايه والله العظيم متل الوحش.

الميتر: يالله شو بدنا فيهن، شوف شغلك.

السائحة (لزوجها): John, you made a pig out of yourself

الوحدة الستعش

# شو هلسجادة الحلوي!

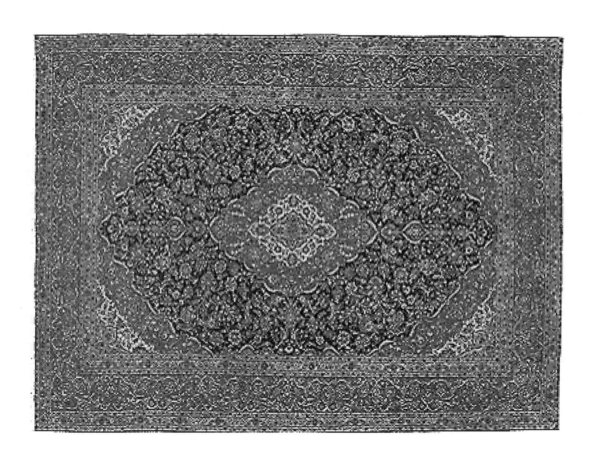

# شو هلسجادة الحلوي!

Tabriz rug

## Objectives

- Shopping and bargaining with an honest merchant.
- Types of Persian rugs.

## قبل الاستماع

١. من وين بيجي أغلى سجاد؟

٢. في عندك سجادة بالبيت؟ شو نوعها؟

## بعد الإستماع - شو فهمنا؟

**التمرين ١**

**استمع إلى النص وأجب عن الأسئلة الآتية:**

**أ) ضع إشارة (✓) أو (x) أمام العبارات الآتية:**

١. السايح بدو الطول والعرض. ☐

٢. عرض السجادة مترين. ☐

٣. البياع مش رح يقبل أقل من ٥٠٠ دولار حق السجادة. ☐

٤. ما في حدا مع البياع يساعدو بالمحل. ☐

**ب) اختر الإجابة الصحيحة مما يلي:**

١. قديش قياس سجادة الأصفهان؟ ________.

أ) مترين بمتر ونص*.

ب) مترين بمترين.

ج) ما منعرف بس منعرف قياس السجادة الهندية.

د) متر بمتر ونص.

* As in English, it is common in Levantine Arabic to use "by" to express two measurements (in this case length and width). Here we use بـ in between the two measurements.

٢. أيّا نوع سجاد بيحب السايح يشتري؟ ________.

أ) بيحب يشتري أصفهاني.

ب) بيحب يشتري تبريز.

ج) بيحب يشتري هندي.

د) يمكن بدو صيني.

٣. مين بيكون سامر؟ ــــــــــ.

أ) يلّي بيساعد التاجر بالمحل.

ب) سامر اسم السايح.

ج) ما في شخص اسمو سامر بهيدا المقطع (passage).

د) سامر بيكون إبنو للتاجر.

٤. ليش بدّو التاجر عنوان السايح؟ ــــــــــ.

أ) تيتصل فيه بعدين.

ب) تيبعتلو (بعت to send) هدية.

ج) ما طلب مِنّو العنوان.

د) لَيشحن السجادة عأميركا.

Reminder: "in order to…" is expressed in Levantine Arabic with لَ or تَ.

٥- على مين كلفة الشحن؟ ــــــــــ.

أ) على الزبون (customer).

ب) ما منعرف بعد.

ج) على المحل.

د) ما في كلفة شحن.

ج) أجب على الأسئلة التالية:

١. شو نوع أول سجادة شافها السايح؟

٢. قديش حق سجادة التبريز؟

٣. قديش رح يدفع السايح بعد ما فاصل (to bargain)؟

٤. كيف رح يدفع السايح؟

## Cultural notes

يمكن أغلى وأجمل سجاد بيجي من أيران. عادةً ما منقول سجاد إيراني بس منقول سجاد عجمي.

# شو هلسجادة الحلوي!

والسجاد العجمي عدة أنواع: أصفهان، كاشان، تبريز وغيرها. هيدي بعض الصور عن السجاد الإيراني.

**تبريز:** تاني أكبر مدينة بإيران ومركز مهم كتير للسجاد. التبريز غالي كتير بس حلو كتير كمان ومطلوب (sought after) بس في كمان سجاد تبريز رخيص ولسوق للبازار.

سجادة تبريز من المزاد العلني بسوزيبي نيويورك.

**أصفهان:** السجاد الأصفهاني مش غالي متل السجاد التبريزي، ومش قديم متلو. بس سجاد حلو كتير ومطلوب كتير بالسوق. معظم هيدا السجاد معمول (made of) من القطن.

سجادة أصفهان من المزاد العلني بسوزيبي نيويورك.

كاشان: مدينة مشهورة بشمال إيران. سجادها حلو كتير ومطلوب. معمول عادة من القطن أو الصوف (wool) أو الحرير (silk).

سجادة كاشان من المزاد العلني بسوزيبي نيويورك.

## Exercise 2

Class activity:

Enact a scenario with a friend from class similar to the scenario you heard in the audio. In this scenario one student would act as a customer looking for a rug for a specific room in the house; the other student would act as a merchant. Use the pictures above to aid you in discussing the choice, the measurements, what the rug is made of, its origin and colors, etc.. Include bargaining, paying and shipping elements too, and use surprising ideas, i.e. do not follow the plot of the audio exactly.

## Cultural note

In the Levant, most people take rugs out in the summer and warm months, but they put them back around October. Without the rugs the house would be too cold and too barren in the winter. This is done mainly in the living room, which is called أوضة الشتا in some houses, but in the bigger houses that boast a salon and a formal dining room, the rugs are kept all year long in these rooms. In Lebanon, a lady of a house would say: إجا تشرين رح نفرش البيت. It is very rare to find a house that does not put some sort of a rug on the floor. Also rugs cover sofas and old ديوان and يوك. For more information about the old ways of furnishing and living, please consult Anis Freiha's book *The Lebanese Village: A Tradition in the Way of Exile*.

## تدريب القواعد

The verb خلّي means "to keep". But it also means "let". For example:
خلّيني إدرس "Let me (masc.) study".
It takes the imperative form and is mostly followed by a present-tense-verb.

Here are few examples where *let* is used in masculine singular form:

| | |
|---|---|
| Let me | خلّيني |
| Let him | خلّيه(خلّي) |
| Let her | خلّيها(خلّيا) |
| Let them | خلّيهن |
| Let us | خلّينا |

شو هلسجادة الحلوي!

المصطلحات اللغوية

◄ **معلوم**

"Of course".

◄ **خلّي عينك**

This expression means "keep an eye on; pay attention to".
Fairuz sings these lyrics and music of the Rahbani brothers:

خلّيلي عينك علدار
عسياج لّي كلّو زرار

◄ **من هون لهون**

This expression is used for bargaining over a price or a situation. It means "change your mind". In this text it means "change your mind and give me a better price".

◄ **يا عيب الشوم**

A very common expression. It could mean contradictory things depending on the intonation of the voice.

a) It could be accusatory if used with the American intonation of saying "Shame on you".
b) It could be a polite way of saying "don't mention it", or "it is beneath us", if it is used with American apologetic intonation.

◄ **ما بيهم – مش مهم**

"Not important".

## Exercise 3

Please express the following in Levantine Arabic:

1.  Please keep an eye (masc.) on the soup that is on the fire.
2.  Are you (plural) able to ship to America?
3.  This is a genuine Cuban cigar, handmade, but I cannot ship to America.

4. Please!!! (Apologetically) We are not going to disagree on who will invite (عزم) the other (التاني).
5. This rug is too expensive. It is Indian, isn't it? Can you give me a better price? Let us agree now.

## المفردات

| إنكليزية | فصحى | عامية |
|---|---|---|
| Rug, rugs | سجّادة، سجّاد | سجّادة، سجّاد |
| Length | طول | طول |
| Width | عرض | عرض |
| Persian | عجمي (فارسي) | عجمي |
| Size | قياس | قياس |
| Same | ذات، نفس | ذات، نفس |
| Store | محل | محل |
| Warehouse | مستودع | مستودع |
| Genuine | أصلي | أصلي |
| Shipping | شحن | شحن |
| Cost | كلفة | كلفة |
| To disagree | اختلف | اختلف |

## Transcription

السائح: بقديش هالسجادة؟

البائع: بـ ٤٠٠ دولار. هيدي هندية شغل ايد.

السائح: فيك تعطيني الطول والعرض؟

البائع: طولها مترين وعرضها متر ونص.

السائح: وهيديك السجادة؟

البائع: هيديك عجمية، أصفهان أصلي ٣٠٠٠دولار، والقياس ذاتو.

السائح: عندك تبريز؟

البائع: معلوم في. ورا المحل بالمستودع.

السائح: فيي شوفها؟

البائع: تكرم، تفضل معي... (يصرخ للشغيل) يا سامر، خلّيلي عينك عالمحل.

السائح: (في المستودع) هالسجادة حلوة كتير. تبريز أصلي مو هيك؟

البائع: أصلي معلوم. وفيي اشحنها على أميركا. بتعطيني العنوان وأنا بشحنها. وكلفة الشحن علينا.

السائح: قديش حقها؟

البائع: هيدي بـ ٥٠٠٠دولار.

السائح: ومن هون لهون؟

البائع: يا عيب الشوم. مش رح نختلف. منعطيك سعر منيح.

السائح: قديش يعني؟

البائع: ٤٥٠ دولار... منيح هيك؟

السائح: ٤٢٥

البائع: اتفقنا!...

السائح: بتاخدو كريديت كارد؟

البائع: أو ترافلرز تشيك. ما بيهم.

## الوحدة السبتعش

# بقدّيش هلصبّاط؟

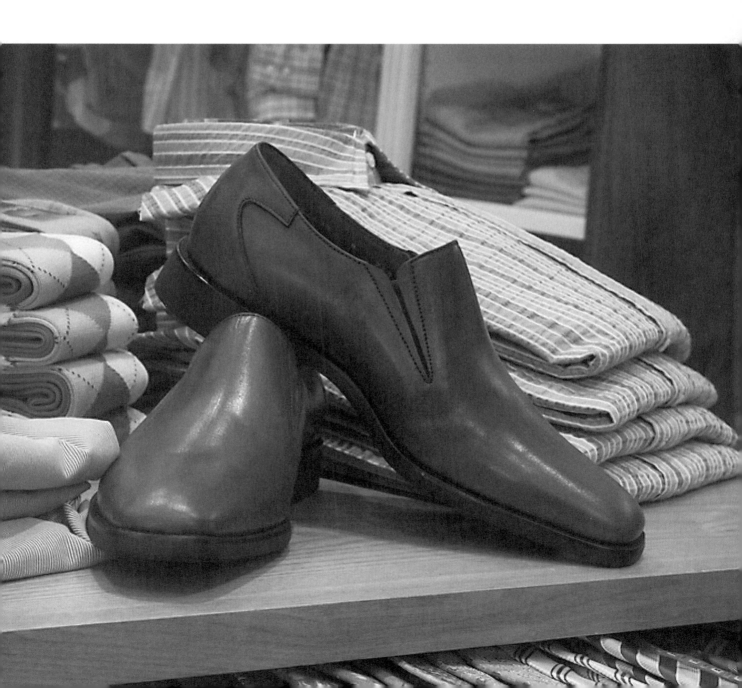

# بقدّيش هلصبّاط؟

## Objectives

- Shopping and bargaining with a dishonest merchant.
- An argument.

## قبل الاستماع

١. قديش حق الصباط يلّي لابسو (لابستيه)؟ من وين اشتريتو (اشتريتيه)؟
٢. قدّيش قياس إجرك؟

## بعد الإستماع - شو فهمنا؟

### التمرين ١

استمع إلى النص وأجب عن الأسئلة الآتية:

أ) ضع إشارة (✓) أو (✗) أمام العبارات الآتية:

١. السايح بدو صبّاط بلا شريط.

٢. قياس إجر الزبون ٤٢.

٣. البياع بيعتقد (to believe) إنّو الأميركان بيفهموا بالجلد.

٤. البياع خاف من البوليس.

ب) اختر الإجابة الصحيحة مما يلي:

١. أيّا صبّاط بدّو السايح؟ ________.

أ) البنّي يلّي إلو شريط.

ب) الأسود صنع محلّي (local).

ج) الأسود يلّي إلو شريط.

د) الصبّاط يلّي معمول ببوسطن.

٢. ليش قال الزبون للبيّاع إنّو غشّاش؟ ________.

أ) لأنّو الصبّاط مش مصنوع بإيطاليا.

ب) لأنّو الصبّاط مَنّو جلد.

ج) لأنّو الصبّاط غالي كتير.

د) لأنّو الصبّاط لا جلد ولا معمول بإيطاليا.

٣. شو بيشتغل الزبون؟ ________.

أ) بيشتغل مع البوليس.

ب) ما منعرف من هيدا المقطع شو بيشتغل.

ج) عندو محل صبابيط بإيطاليا.

د) عندو محل جلد ببوسطن.

٤.   ليش بدو الزبون (client) يعيّط للبوليس؟ _____.

أ) فكّر البياع إنّو الزبون عمبيعلمو على شغلتو.

ب) البيّاع باعو صبّاط مانّو جاد.

ج) ما بدو يعيّط للبوليس.

د) لأنّو الباع غشاش.

**التمرين ٢**

١.   شو الفرق بين صبّاط الريّاضة، والصبّاط (الاسكربينة، الكندرة*) يلّي بتلبسو (بتلبسيه) على مناسبة رسمية؟

٢.   أيّا واحد أغلى؟

\* For a woman, a shoe would be اسكربينة (Lebanon), or كِندَرَة (all over the Levant).

**المصطلحات اللغوية**

◄ **حلّ عنّي**

"Get off", "Buzz off", "Get out of my sight".

◄ **بعد ناقص**

"That's all I needed!!!"

◄ **مانّو**

"It (he) is not". "She is not": مانها
This expression originates from ما أنّ.

◄ **ليك مَلاّ بضاعة**

This derogatory expression is said to or about a person to tell him/her that he/she is worth nothing. Literally it means "Look at what type of merchandise we have here", implying bad merchandise.

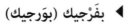

▶ بفَرْجيك (بوَرجيك)

This threatening expression means "I shall show you".

▶ أوعا

"Pay attention", "be careful". Usually followed by a verb, it could be possessive:

Be careful (masc.) not to eat too much: أوعا (أوعَك) تاكل كتير.

Or as Michel Trad said in a poem from his book *Gilnaar*:
Gilnaar (name of a woman), be careful not to stand by them
جلنار أوعِك (أوعي) توقفي حدهن.

## Exercise 3

Please express the following in Levantine Arabic:

1. The salesman at the end of the street is still a cheat.
2. My foot is hurting me because of the laceless shoe I bought.
3. Pay attention (fem.); do not buy from that store.
4. My son did not study; I shall show him (scoldingly).
5. Dinner is ready; call (masc.) your brother.
6. I got a hoarse voice yesterday after the football match.

المفردات

| إنكليزية | فصحى | عامية |
|---|---|---|
| Lace, wire | شريط | شريط |
| Leather | جلد | جلد |
| Foot, leg (could be same term in spoken language) | قدم، رجل | إجر |
| Salesman, merchant | بائع | بيّاع |
| A cheat (cheater) | غشّاش | غشّاش |
| To scream, to call for someone | صرخ، نادى | عيّط |
| To get a hoarse voice | انبحّ | انبحّ |

## Transcription

السائح: بقديش هالصباط؟

البائع: الأسود ولاّ البني؟

السائح: الأسود يلّي الو شريط.

البائع: هيدا جلد أصلي صنع ايطاليا.

السائح: فيي شوفو؟

البائع: تفضل. قديش قياس اجرك؟

السائح: ٤٢. على مهلك شوي. يا استاذ انت بياع غشاش. هيدا مانّو جلد ولا صنع ايطاليا!!!

البائع: وشو عرّفك انت؟

السائح: أنا عندي محل صبابيط وجلد ببوسطن!!!

البائع: ومن ايمتا الأميركان بيعرفوا بالجلد؟

السائح: يمكن ما بعرف قدّك، بس بعرف انّك غشاش.

البائع: ايه حل عني هلق. بعد ناقصني واحد متلك يجي يعلمني على شغلتي. ليك ليك ملاّ بضاعة.

السائح: هلّق بفرجيك، رح عيّط للبوليس. (يخرج)

البائع: ايه أوعا تنبَحّ حبيبي. سلملي عليهن كمان. قال يعيّط للبوليس قال. (بمهزأة) هه.

# شو هالصينية الحلوة!

# شو هالصينية الحلوة!

## Objectives

- Shopping and bargaining in a bazaar.
- Traditional Levantine artifacts, items and clothing.

## قبل الاستماع

١. من وين فينا نشتري تحف حدّ هايدي الجامعة؟

٢. كيف بيروحوا لهونيك؟

## بعد الإستماع – شو فهمنا؟

### التمرين ١

استمع إلى النص وأجب عن الأسئلة الآتية:

أ) ضع إشارة (✓) أو (✗) أمام العبارات الآتية:

١. عزمو البياع للزبون على ليموناضة أوقهوة. ☐

٢. المحل ما بيبيع شراشف. ☐

٣. البياع ادّعى (claimed) إنو الصينية كلّفتو قدّ (as much) ما هوي دافع وإذا بيبيعها بـ ٤٠ دولار بيكون عمبيخسر فيا (فيها). ☐

٤. هايدي الصينية نقش إيد. ☐

ب) اختر الإجابة الصحيحة مما يلي:

١. شو بيبيع هيدا المحل؟ ________.

أ) بيبيع برادي.

ب) بيبيع مردّات وعبايات.

ج) بيبيع مناشف.

د) بيبيع كل يلّي زكرناهن (ذكرناهم).

٢. وين شاف الزبون الصينية بسعر أرخص؟ ________.

أ) شافها بمحل تاني.

ب) هايدي أول مرّة بيشوف هايدي الصينية.

ج) شافها عند جار بيتو.

د) هايدي أرخص من الصينية لّي شافها من قبل.

٣. شو قال البياع عن سعر الـ ٢٥ يلّي بدو يدفعو (عَرَضو – offered it) الزبون؟ ________.

أ) قال إنّو بيكون عمبيخسر بهايدي الصينية.

ب) وافق (agreed) على العرض.

ج) ما قِبِل (agreed) يبيع الصينية أبداً.

د) سعر الصينية ٤٠ دولار، ولا يمكن يفاصل (يساوم – bargain).

٤. بالنهاية على أيّا سعر اتّفقوا؟ ____________.

أ) ما اتّفقوا وفَلّ (left) الزبون.

ب) اتّفقوا على ٣٠ دولار.

ج) قِبِل البياع ياخد ٢٥ دولار.

د) قِبِل الزبون يدفع ٣٥ دولار.

**ج) أجب على الأسئلة التالية:**

١. شو عمل البياع بالصينية بعد ما اشتراها الزبون؟

٢. بعد في محلاّت بتلف هدايا هون؟ أيّا محلاّت؟ شو اشترين من عندهن آخر مرّة؟

## المصطلحات اللغوية

- **والله العظيم**

This expression is a form of swearing.

- **غير شي – غير شِكْل**

"Different". "Out of the ordinary". (Sometimes it means "a cut above".)

- **متل ما بدّك**

"As you wish". "It is up to you".

- **مقدّم**

This word is a very common reply in the Levant to someone who likes something you have or possess. It shows a sense of generosity. For example, if someone tells you your watch is beautiful, you could reply مقدّمة "allow me to offer it as a gift to you" (it is yours). Do not accept the offer; just thank the person for his/her generosity.

– ساعتك حلوة.
– مقدّمة.
– تِسلَم.

◄ مبروك

This very common saying congratulates someone on a good happening in their life, whether material, such as buying something new, or nonmaterial, such as getting married, passing an exam, or winning a game. It could also be used in a gloating way to mock someone who acquired a bad thing or failed in an endeavor.

The answer is always يبارك بعمرك (الله).

◄ لا حولَ ولا قوة إلاّ بالله العليّ العظيم

This Koranic saying means "No might and power except in God the great and noble". This saying is usually said to state that God is our only help, either in a form of despair, or in a form of subjugating one's will to God's.

## Exercise 2

Please express the following in Levantine Arabic:

1. There are no longer hand-engraved copper trays in the market.
2. We and the moon are the neighbors (from a famous song by the Rahbani brothers, sung by Fairuz).
3. Please (fem.) wrap this present for me.
4. Our team is losing now.
5. My cousin (paternal uncle's daughter) did get upset with me; we are no longer friends.
6. Their house is full (مليان) of oriental artifacts, all handmade or hand carved (engraved).
7. I heard your (plural) son passed his official exam.  Congratulations.
8. There is a lot of Arabic music, but the Rahbani music is out of the ordinary (a cut above).
9. He told me he loved my new car. I told him: "It is yours to keep" (an act of generosity and courtesy).
10. The war has not stopped for years now. God is our only help.

## المفردات

| إنكليزية | فصحى | عامية |
|---|---|---|
| Curtain | سِتار | برداية ، ج. برادي |
| Towel | منشفة | منشفة ، ج. مناشف |
| Bed cover | غطاء | مرّد ، ج. مردّات |
| Abaya, Arabian cape | عباءة | عباية ، ج. عبايات |
| Artifact | تحفة | تحفة ، ج. تُحَف |
| Tray | صينية | صينية ، ج. صواني |
| Copper | نحاس | نحاس |
| To consider | حسَّبَ | حسِّب |
| Neighbor | جار | جار ، ج. جيران |
| Possible | معقول | معقول |
| Engraving | نَقش | نقش |
| To lose | خسِر | خِسِر |
| For free | مجّاني | بَلاش |
| To be pleased, to accept | رَضِيَ | رِضي |
| Let go (very colloquial, with impatience) | | صَرِّف |
| To be worth (in money or value) | يستحِق | يِسوى |
| To be upset | حزن | زِعِل |
| To wrap (a gift) | لفّ | لفّ |

## Transcription

في سوق الحميدية ١ (في عكرة كتير وضجّة)

البائع الأول: تفضل عنّا برادي. برادي.

البائع الثاني: مناشف.

البائع الثالث: مردّات، عبايات.

البائع الرابع. تحف شرقية...

السائح: عندك صواني نحاس؟

البائع: معلوم في. تفضّل.

السائح: وشراشف؟

البائع: معلوم. أهلا وسهلا. يا مية هلا. بتشرب شي؟

السائح: لأ ممنونك.

البائع: ما بيصير، ليموناضة، قهوة!

السائح: ما عليش. بسيطة. غير مرّة... بقديش هالصنية؟

البائع: هايدي بأربعين دولار.

السائح: غالية كتير!

البائع: والله العظيم قد ما أنا دافع. حسّبها هدية.

السائح: مش ممكن. عند جارك ذات الصنية بنص سعر.

البائع: مو معقول، هايدي غير شي. هايدي تقش ايد. عربية أصلية، بتنهدا للملك.

السائح: متل ما بدّك. أنا هالسعر ما بدفع. بدّك(؟)، بدفع ٢٥!!!

البائع: ايه والله العظيم، بكون عمبخسر فيها.

السائح: متل ما بدّك.

البائع: طيب، علينا بـ ٣٥.

السائح: ولا ممكن. بـ ٢٥.

البائع: (يضحك) يا عمّي خدها ببلاش. مقدمة هدية. شو هالحكي؟!

السائح: ولَو. أنا ما برضى، بـ ٢٥ ومنضل صحاب (بياخد الـ ٢٥ من جيبتو)

البائع: ما بيصير!!!

السائح: طيب هايدي ٣٠ بس صرّفني...

البائع: أعوذ بالله، أنا .....

السائح (يقاطعه): متل ما بدّك يا خيي، أنا عمأعطيك ٣٠ دولار وهيي ما بتسوى أكتر من ٢٥، يالله يعطيك العافية (يخرج من المحل)

البائع: طيب حبيبي,(لنفسه يدعو) لا حول ولا قوة الاّ بالله العلي العظيم، (للزبون) تعا لوين رايح. ما تزعل، اتكلنا على الله، هات الـ ٣٠. مبروكة، بلفلّك ياها؟

السائح: عمول معروف.

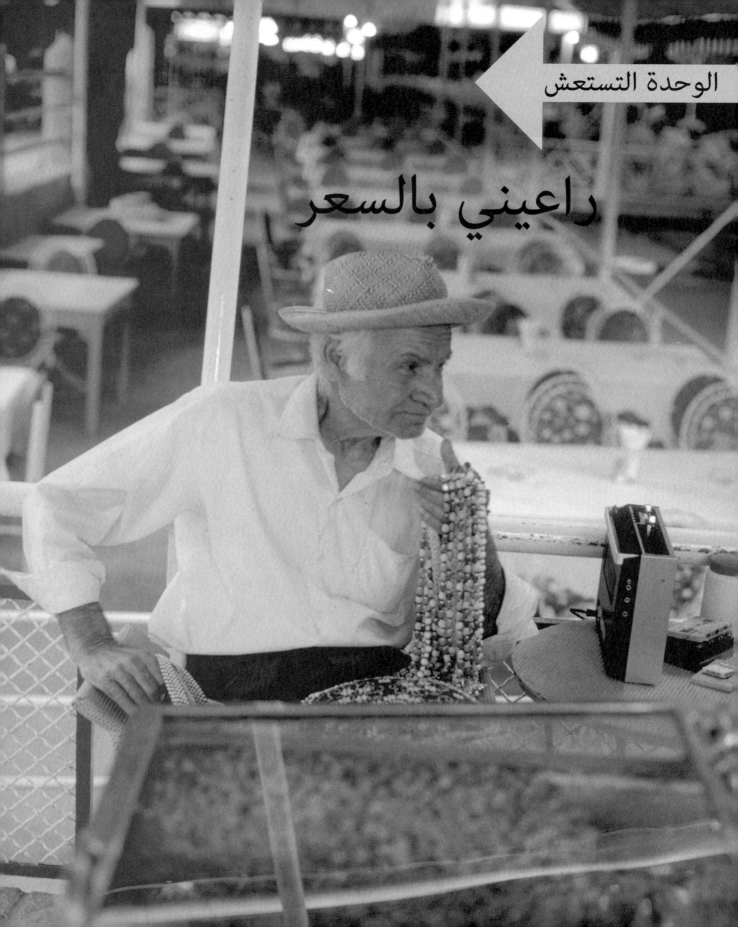

## الوحدة التستعش

# راعيني بالسعر

# راعيني بالسعر

## Objectives

- Shopping and bargaining in a bazaar.
- Traditional Levantine artifacts, items and clothing.
- The game of backgammon.

## قبل الاستماع

١. شو لون تيابك (ملابسك) اليوم؟ من وين بتشترين؟
٢. شو بتفضل تياب شتوية أو صيفية؟ ليش؟

## بعد الإستماع - شو فهمنا؟

### التمرين ١

استمع إلى النص وأجب عن الأسئلة الآتية:

أ) ضع إشارة (✓) أو (×) أمام العبارات الآتية:

١. البياع عندو عباية زرقا بالمحل. ☐

٢. عباية الحرير الصيفية سادة. ☐

٣. طاولة الزهر مطعّمة. ☐

٤. بالآخر اتفقوا على السعر. ☐

ب) اختر الإجابة الصحيحة مما يلي:

١. أيّا عباية معرّقة؟ ________.

أ) العباية البيضا.

ب) الزرقا الغامقة.

ج) البنيّة الفاتحة.

د) العباية الكحلية

٢. شو اشترى الزبون من عند هيدا البياع قبل العباية؟ ________.

أ) ما اشترى شي.

ب) اشترى صينية.

ج) اشترى طاولة زهر.

د) اشترى ابريق شاي.

٣. ليش العباية الصيفية أحلا برأي البياع؟ ________.

أ) لأنّا معمولة من حرير.

ب) لأنّا صوف جَمَل شغل الأردن.

ج) لأنّا مقلّمة.

د) لأنّا معرّقة.

٤. البياع لحالو (on his own) بالمحل وما في حدا يساعدو! ____________.

أ) مش مظبوط (not true) في ولد بيساعدو.

ب) مظبوط. ما في حدا معو بالمحل. هوّي لوحدو.

ج) معو مرتو بالمَحَل.

د) مش ممكن نعرف.

ج) أجب على الأسئلة التالية:

١. شو لون العباية الشتوية لّي مطرّزة بدهب؟ ليش هيي شتوية؟

٢. قدّيش حق العباية الصيفية؟ من شو معمولة؟

٣. ليش ما بدو البيّاع يراعي الزبون بالسعر؟

## المصطلحات اللغوية

◀ **بضاعة تقيلة**

This expression means "great merchandise, valuable and of high quality".

◀ **بياخد العقل**

"Stunning". In American English it means "It blows the mind". One could also say بيطيرالعقل.

◀ **ما في خيـ ... ما في أختـ ...**

"One of a kind", "nothing like it", "unique".
This cigar is equal to nothing. هيدا السيغار ما في خيّو
This merchandise is one of a kind. هيدي البضاعة ما في أختها

◀ **أعوذ بالله**

Here the phrase it means "no way". It could also mean "my help is with God".

◀ **أنتيكة**

Although the word means "antiques", it also means "cheap quality", "bazaar quality". One can also say in Levantine بضاعة بازار.

◀ راعيني

This word means "give me a good deal", "take care of me".
Give (masc.) her a good price. راعيها بالسعر.

◀ شو هالحكي

"What type of talk is this". This expression is to be said with bewilderment to express disbelief.

◀ لك - شيه

This is a very common expression in Levantine Arabic (Damascus: لِك, Beirut: شيه). It doesn't have an equivalent in English. The closest would be "come on" (as in scolding someone).

◀ خِفْها

This imperative verb tells someone "be quick". خِفّيها (fem.), خِفّوها (plural).

## Culture notes

◀ طاولة الزهر

Backgammon is the national board game of the Levant. زهر means "dice". It is played everywhere: at home, in clubs, in shops along the street and in all the cafés. The wooden board is much more ornate than the simple leather Western counterpart, and players use their hands directly to throw the dice and not a cup as in the West. Two main games are played on this board: فرنجية, the game played in the West, and the more challenging and demanding محبوسة. Varieties of these two games exist. Traditionally, players play much faster than in the West, slamming the pieces on the wood in order to make noise, and the players loudly announce the numbers displayed by the dice in Turkish.

### ▶ Protocol of backgammon

- Play fast.
- Announce your dice numbers loudly in Persian.
- Slam the pieces hard on the wood, especially if you get an edge over your opponent.

▶ **Numbers**

1. Yek
2. Doo
3. Seh
4. Juhaar
5. Banj
6. Shesh

A double 1: Hab yek
A double 2: Doo Bara
A double 3: Doo Seh
A double 4: Dirjee
A double 5: Dibesh
A double 6: Dishesh
A 1 and 2: Ikkibeer.
A 6 and 5: Shesh besh.

Numbers are stated from the highest to the lowest, for example: 5–4 is Banj Juhaar.

## Exercise 2

Please express the following in Levantine Arabic:

1. This dark shirt blows the mind, there is nothing like it in the market.
2. A man should wear a solid white shirt in the evening and a light striped shirt during the day.
3. Do not wear (fem.) too thin a garment; the weather in Beirut is cold in the winter.
4. This embroidered abaya is not for the winter (wintery) but for the summer (summery).
5. I do not like curtains with arabesque (intricate designs).
6. This backgammon set is a little expensive; please give me a better price (take good care of me).
7. A Dominican cigar is better than a Cuban one?! What type of talk is this? No way!!!

8.  This wool bed cover is handmade in Scotland, a high quality, one of a kind piece of merchandise.
9.  I don't like a silk shirt on a man.

## المفردات

| إنكليزية | فصحى | عامية |
|---|---|---|
| Dark blue, night blue | كحلي | كحلي |
| Wool | صوف | صوف |
| Camel | جمل | جمل |
| Dark (color) | غامق | غامق |
| Light | فاتح | فاتح |
| Solid (ordinary, no color) | سادة | سادة |
| Ornate (with design and arabesque) | معرّق | معرّق |
| Embroidered | مطرّز | مطرّز |
| Thick | سميك | سميك |
| Thin | رقيق | رقيق |
| For summer (summery) | صيفي | صيفي |
| For winter (wintery) | شتوي | شتوي |
| Silk | حرير | حرير |
| Striped | مقلّم | مقلّم، مزيّح |
| Lacquered (inlaid) | مطعّم | مطعّم |
| Jump | قفز | نط |
| Hurry | أسرع | عجّل |

## Transcription

في سوق الحميدية ٢ (في عكرة كتير وضجّة)

السائح (للبائع): هايدي العباية بقديش؟

البائع: البيضا؟

السائح: لأ الكحلية.

البائع: هايدي صوف جمل شغل الأردن. بضاعة تقيلة، ما في متلها، بـ ٤٠ دولار.

السائح: شو في عندك ألوان؟

البائع: عندي أزرق غامق، وبنّي فاتح، وأبيض، وكحلي سادة ومعرّق.

السائح: خلّيني شوف العباية البيضا السادة.

البائع: تكرم عينك. هايدي ياها، مطرزّة بدهب.

السائح: مش سميكة شوي؟

البائع: معلوم، هايدي شتوية. بدك وحدة صيفية رقيقة؟

السائح: عمول معروف.

البائع: الصيفية أحلا لأنها معمولة من حرير. (بيجيبها) هايدي ياها. بتاخد العقل. وكمان مقلّمة أزرق.

السائح: وقديش حقها؟

البائع: البائع: هايدي بـ ١٣٠ دولار.

السائح (يضحك): وسعرها بياخد العقل كمان.

البائع: اييه بس بضاعة تقيلة ما في اختها. مو انتيكة وكيف ما كان، شو لكّن؟!

السائح: يالله راعيني بالسعر وباخدها.

البائع: شو راعيك؟ مو معقول، ما راعيناك بالصنية!!!

السائح: يالله، واذا بتعطيني سعر منيح، باخد طاولة الزهر المطعمة.

البائع: أعوذ بالله. ولا ممكن، هادا سعرها. مكلفتني ١١٠ وخسرت بالصنية. انت بدك تراعيني هلّق!!!

السائح: يالله هايدي ٨٠ ( يعد الـ٨٠)، وبقديش طاولة الزهر قلنا؟

البائع: (بتأمأم) ايه لا حبيبي. ولا ممكن. شو هالحكي، لك؟!

السائح: متل ما بدّك. يعطيك العافية (يخرج).

البائع: الله يعافيك. أهلين، مع السلامة... (لحالو) قال راعي قال. ايه شو هالعالم هاي، (يصرخ) يا ولد نط لعند أبو محمد جبلي ابريق شاي، قلّو هادا الي، ياالله عجّل تشوف، خفها...(لحالو) قال راعي قال.

## Acknowledgments

I would like to express my thanks to the outside reviewers, whose comments on the manuscript are gratefully appreciated: Nesreen Akhtarkhavari of De Paul University; Rima Hassouneh of the University of Michigan; Uri Horesh of Franklin & Marshall College; and Lina Kholaki of the California State University San Bernardino. I would like also to thank the staff at Dergham Publishing, Beirut, for the great work in designing the layout and researching the photographs and illustrations of this book.

# Illustration Credits

Page 78 (top): Shutterstock © Olegusk
Page 78 (bottom): Shutterstock © Yasonya
Page 79: Shutterstock © Sharon Kennedy
Page 84: Shutterstock © Stephen Coburn

Chapter 7
Page 85: Shutterstock © Nickolay Stanev
Page 87: Shutterstock © Pres Panayotov
Page 89: Shutterstock © Noah Golan
Page 95: Lebanon Ministry of Tourism
Page 97: Shutterstock © Factoria singular fotografia

Chapter 8
Page 99: Shutterstock © derekfsmith
Page 101: Shutterstock © Losevsky Pavel
Page 102: Shutterstock © ronfromyork
Page 103: Shutterstock © mearicon
Page 104: Archive Dergham
Page 105: Shutterstock © Natalia Bratslavsky
Page 107: Archive Dergham

Chapter 9
Page 109: Shutterstock © Walter Keith Rice
Page 111: Shutterstock © Kiselev Andrey Valerevich
Page 113: Shutterstock © Thomas Sztanek
Page 114: Shutterstock © Jim Barber
Page 115: Shutterstock © Neale Cousland

Chapter 10
Page 117: Shutterstock © dusko
Page 119: Shutterstock © dusko
Page 121: Shutterstock © carsthets
Page 122: Shutterstock © Magdalena Bujak
Page 124: Shutterstock © Konstantin Shevtsov

Chapter 11
Page 129: Shutterstock © Natalia Bratslavsky
Page 131: Shutterstock © Jakub Pavlinec
Pages 133–135: Illustrated by Ramona Rizk
Page 136: Shutterstock © 3dfoto
Page 137: Shutterstock © Vasilius
Page 138: Shutterstock © matka_Wariatka

Chapter 12
Page 141: Shutterstock © Pakhnyushcha
Page 143: Shutterstock © Levitskiy Nikolay
Page 145: Shutterstock © Soundsnaps
Page 146: Shutterstock © John Sartin
Page 150: Shutterstock © Jason Stitt